드디어 시작하는
명상 입문

삶이 홀가분해지는 일상 속 마음 다스리기

드디어 시작하는
명상 입문

Introduction to Meditation

신진욱 지음

불광출판사

명상은 자신을 이 순간 지금 있는 그 자리에
그 상태 그대로 있도록 허용하는 것이다.

매일의 명상 수행은 우리의 마음을 주기적으로
청소할 것이다. 마음은 점차 고요해질 것이다.

서문

우리는 과거보다 물질적으로 풍요로운 시대에 살고 있지만, 과도한 스트레스로 인해 행복하지 않다. 그런데 이러한 극심한 스트레스 상황에서도 남들보다 더 행복하고 삶에 대해 만족을 느끼는 사람들이 있다. 명상을 생활화한 사람들이다. 이들은 진정한 행복에 이르는 도구가 자신의 마음을 다스리는 명상이라는 것을 깨달아 실천하고 있다.

이제는 명상을 하기 위해 깊은 산 속에 들어가거나 먼 곳으로 떠날 필요가 없어졌다. 명상을 하기 위해 특별히 시간을 내야 하는 것도 아니다. 명상은 언제 어디서나 할 수 있다. 처음에는 하루 5분으로 시작하면 충분하다. 자신의 환경과 조건에 맞게 서서히 시간을 늘려가면 된다. 특별한 장비가 필요한 것도 아니다. 오직 우리의 몸과 마음, 들이쉬고 내쉬는 호흡만이 필요하다.

명상은 마치 근육 운동과 비슷하다. 근육 운동에 관한 책을 읽는다고 몸에 근육이 생기진 않는다. 직접 운동을 해야 한다. 명상도 마찬가지여서, 명상에 관해 잘 이해한다 하여 '마음의 근육'이 생기지는 않는다. 꾸준히 실천해야 그 효과를 볼 수 있다. 실천과 수행만이 우리를 진정한 행복에 한 발짝 다가설 수 있게 한다.

명상은 지나간 과거를 곱씹거나 아직 오지 않은 미래의 일을 걱정하지 않고 오직 '지금, 이 순간'에 머무는 훈련이다. 우리가 경험하는 것은 오직 현재일 뿐이고 명상은 그 사실을 더욱 확실히 체험할 수 있게 한다.

자신에게 유쾌한 것에 집착하지 않고 고통스러운 것을 밀어내지 않으며 중립적인 것을 무시하지 않는 것이 중요하다. 명상에 익숙해지면 어느 순간 소란한 마음의 스위치가 꺼진다. 고요 속에서 나 자신과 세계를 분명히 볼 수 있게 된다. 내면을 가꾸고 긍정적인 인간관계를 맺으면서 세상을 더 어질고 자애롭게 살아가는 방법도 배우게 된다. 인생을 더 명확하고 차분하게 바라보는, 단순하지만 심오한 단계를 배우게 된다. 집중력이 강화되고, 기억력과 창의적 해결 능력은 향상된다.

오늘의 세계는 동서양의 지혜가 융합된 시대이며 전통적인 수행이 과학과 충돌하지 않는다. 과학의 옷을 입은 명상이 서양에서 꽃을 피우고 있다. 명상은 인류가 경험한 가장 짜릿한 일이다. 빌 게이츠, 마이클 조던, 오프라 윈프리가 매일 명상을 통해 충만한 경험을 이루고 있다. 글로벌 기업 구글과 아마존, 메타에서도 명상을 주목하고 있다. 이들은 동양의 오래된 지혜와 수행의 방법에서 찾은 길에 열광하고 있다. 과학이 명상에서 발견한 것은 마음과 육체의 통합과 온전한 삶의 방식이다.

명상은 확실한 효과를 보여준다. 스트레스 호르몬인 코르티솔 수치가 감소하고 면역 기능과 심혈관 기능이 강화되며 염증이 줄어든다. 염색체 양 끝을 보호하고 손상을 복구하는 효소인 텔로머레이스(Telomerase)가 최적화되어 세포 건강이 유지되고 심지어 노화도 늦춘다. 막연한 추측이 아니라 실제적이고 과학적인 수치가 증명하고 있다.

명상은 아무리 힘든 상황에서도 자신을 아끼고 충만한 인생을 살아가도록 우리를 인도한다. 수행하면 인생이 바뀔 수 있다. 명상은 이혼, 건강상의 위기, 학업 실패, 트라우마 같은 극심한 스트레스에 대처하는 데 필요한 회복탄력성을 제공한다. 우리가 어려움에 직면했을 때 용기를 주고 회복력을 향상시키는 내적 힘의 원천 또한 명상에서 나온다.

이 책은 그동안 불교계 신문에 연재했던 원고를 일부 수정 보완해, 명상에 관한 친절한 안내서가 되기를 바라는 마음으로 만들었다. 특히 명상에 처음 입문하는 사람에게 실질적인 도움을 주어 더 행복하고 건강한 삶의 방식을 찾기를 희망한다.

어려운 출판 사정에도 불구하고 출판을 결심한 류지호 대표님께 감사드린다. 책 내는 것을 주저할 때 격려하고 독려해준 유권준 실장님 그리고 원고를 꼼꼼히 읽고 편집해 주신 최호승, 하다해 에디터님이 아니었으면 이 책이 세상의 빛을 보기는 어려웠을 것이다. 출간을 위해 많은 수고를 하신 여러분들께 감사의 마음을 전한다.

2024년 11월
신진욱

목차

1

붓다와 명상

명상에 빠진 세계

세상이 명상에 빠졌다. 동양의 종교에서 시작된 명상은 이제 서양에서 꽃을 피우고 있다. 도입 초기의 큰 관심에는 동양 정신에 대한 호기심의 영향이 컸다. 그 후 점차 의료계가 명상의 효능에 주목하면서 명상을 체계적으로 연구하기 시작했다. 최근에는 기업에서 생산성 확대를 위해 활용하고 있다.

하버드와 프린스턴을 비롯한 미국 주요 대학에서는 명상을 예방 의학, 재활 의학에 결합하는 연구가 성과를 보였다. 이에 따라 의료계와 종교계는 상호 보완하여 명상 프로그램 개발에 노력을 기울이고 있다. 미국질병통제예방센터(CDC)는 명상하는 미국인의 수가 해마다 증가하고 있다는 보고서를 냈다. 2017년 보고서에 따르면 전체 인구 100명 중 15명이 명상을 하고 있으며, 2022년 통계에서는 미국의 성인 인구 다섯 명 중 한 명 꼴로 명상을 활용한다고 나왔다. 놀라운 증가세다.

실리콘 밸리를 중심으로 한 미국의 정보 통신(IT) 업계에서도 명상을 도입하고 있다. 일부 기업 최고 경영자들이 개인적인 관심과 수행 경험을 바탕으로 명상을 경영에 도입한 것이다. 미국의 시사 주간지 〈타임(TIME)〉은 이런 경향에 대해 '마음챙김 혁명(The Mindful Revolution)'이라고 보도하기도 했다.

애플의 창업자인 스티브 잡스는 평생 참선과 명상을 통해 아이디어와 영감의 원천을 얻을 수 있었다. 단순한 디자인과 독창적인 사용자 인터페이스를 비롯한 애플 제품 전반의 방향성은, 명상을 통해 축적된 직관적인 경험과 그가 몰두했던 선 수행의 경험이 반영되었다는 평가도 있다. 마이크로소프트의 창업자 빌 게이츠 또한 명상 앱 '헤드스페이스(Headspace)'의 애용자이다. 그는 명상 경험이 자신을 온전히 집중할 수 있게 만들고 잡념을 떨치도록 도와준다고 고백했다.

구글은 자신을 찾는 명상 프로그램인 '내면 탐색(SIY, Search Inside Yourself)'을 만들어 기업 문화를 새롭게 하고 있다. 이 프로그램은 직원들의 스트레스 해소와 업무 능률 향상을 위한 수업을 제공하고 있다. 프로그램을 체험한 직원들은 감정 조절 능력과 구성원들과의 일체감이 향상되었으며 집중력을 높이는 결과를 보였다. 온갖 도전을 극복하며 두려움 없이 성장할 수 있는 기업 문화의 기반에 명상이 자리 잡은 것이다.

72승 10패라는 20세기 미국 프로 농구 역사상 전무후무한 최다승 기록을 만들어 낸 시카고 불스(Chicago Bulls) 팀의 필 잭슨 감독과 마이클 조던은 명상의 효과를 단적으로 보여주는 대표적인 인물이다. 필 잭슨 감독은 모든 경기의 시작 전 5분 동안 명상을 시킨 것으로 유명하다. 마이클 조던은 1만 2천 번의 슛에 실패했지만, 그 모든 실패를 딛고 코트의 주인이 될 수 있었던 원동력을 명상에서 찾았다.

토크쇼 진행자로서 사회적 영향력을 높인 오프라 윈프리, 팝의 여신 마돈나, 패션 디자이너 도나 캐런, 배우 데미 무어, 마이크 마이어스, 골디 혼, 리처드 기어, 키아누 리브스 또한 명상에 빠진 스타들이다.

세계 경제를 주무르는 월 스트리트의 인재들도 명상에 빠져 들었다. 투자 은행 골드만삭스 그룹의 직원들은 가부좌를 틀고 앉아 명상에 잠기고, JP모건 체이스에서는 직원은 물론 고객에게도 일상적인 명상을 권하고 있다.

명상의 영향력은 정치계에까지 미쳐 미국의 전 대통령 빌 클린턴 부부와 부통령이었던 앨 고어도 꾸준히 명상을 하고 있다. 실리콘 밸리에서 시작된 명상의 파도는 정치·경제·미디어계 전반으로 퍼져나갔다. 특정 영역에 국한된 것이 아니라 사회 전반의 보편적인 현상이 된 것이다.

명상에 대한 대중적 관심은 주변 공공시설에 명상 시설이 적극 도입된 것을 통해 실감할 수 있다. 세계 유명 공항에 명상실이 속속 등장했다. 뉴욕주 올버니 국제공항, 캘리포니아주 샌프란시스코와 샌디에이고 공항에서는 명상실이 여행객을 맞이하고 있다. 영국 런던 히드로 국제공항, 네덜란드 암스테르담 국제공항, 스위스 제네바 코앵트랭 국제공항, 독일 뒤셀도르프 국제공항에도 명상실이 생겼다. 각 종교의 기도실만큼 명상실 역시 필수적인 장소가 된 것이다. 이곳을 사용하는 사람들은 명상을 통해 여행의 긴장과 불안을 이완할 수 있다. 이제 명상은 지역과 문화를 떠나 세계의 보편적인 현상이 되었다.

명상하러 산으로 떠날 필요가 없어졌다. 머리를 길게 기른 괴짜가 될 필요도 없다. 가까운 공공기관에서 명상실을 쉽게 찾아볼 수 있다. 정부에서 제공하는 명상 강좌도 점차 늘어나고 있다. 흉악범을 교화하는 교도소에도 명상실이 생겼다.

명상을 하러 문밖에 나설 필요도 없어졌다. 휴대폰으로 검색할 수 있는 명상 앱은 수천 개를 넘어섰다. 명상이 필요하다면 휴대폰으로 스마트하게 검색하고 참여하면 된다. 수행이 손바닥 안으로 들어온 것이다.

누군가는 명상을 통해 자신의 경력과 능력을 극대화하고, 명상에서 얻은 새로운 아이디어로 세계 무대에서 두각을 나타내고 있다. 인재들은 학교에서 명상을 소개받고 직장에서 명상에 심취하고 있다. 기업은 자기 계발과 사원 복지를 위해 명상 강좌를 도입한다. 명상은 개인의 발전만이 아니라 기업 문화의 혁신과 발전을 주도하는 계기를 만들고 있다.

　　명상은 우리 자신을 오롯이 '지금, 여기'에 머물게 한다. 집중력과 명료성, 창의성을 향상시켜 자아와 세계를 꿰뚫는 통찰을 얻게 한다. 명상을 통해 우리는 모두가 상호 의존하고 연기(緣起)하는 존재임을 깨달아 세계관을 확장할 수 있다. 인생 전반이 즐거워지고 활력을 찾게 되며 자신의 재능을 한계 없이 발휘할 수 있게 된다. 실패를 두려워하지 않고 현실에 도전하며 순간순간 성장하는 자신을 발견하게 된다. 명상이 세계적인 유행이 된 것은 그런 힘을 갖고 있기 때문이다. 지금 즉시 시도한다면 명상은 우리가 원하는 곳으로 우리를 이끌어 줄 것이다.

붓다와 현대 명상

세계 4대 문명 중 하나인 인더스 문명 유적지에서 명상 관련 유물이 발견됐다. 작은 진흙 판 형태로 만들어진 수천 개의 새김 도장인데, 명상하는 모습을 찾아볼 수 있다. 도장에 새겨진 것은 가부좌를 틀고 앉아 있는 전통적인 요가 수행자들이다. 그들은 고요한 상태에서 마음을 모으고 있는 모습을 보여준다.

인더스 문명 이후 인도의 종교사상계는 요가와 명상의 큰 줄기를 벗어나지 않는다. 인도 종교는 요가적인 방법과 명상을 수행의 방법으로 채택했다. 『베다』와 『우파니샤드』, 『아란야카』 등의 종교 문헌은 명상 수행에 관한 비유와 경지에 대한 가르침을 담고 있다. 기원전 5세기에 이르면 파탄잘리의 『요가 수트라』가 성립되어 명상에 관한 자세한 기술이 이루어진다. 그 무렵 출가한 룸비니의 왕자 고타마 싯다르타는 고행과 명상에 의지하여 수행을 계속해 갔다.

출가 사문(沙門) 고타마 싯다르타는 삶과 죽음으로 이어지는 윤회의 고통에서 벗어나기를 갈망했다. 이를 위해 세속의 즐거움을 버리고 기꺼이 출가하여 극단적인 고행과 깊이 있는 명상을 계속했다. 출가 직후 그는 명상가인 알라라 깔라마로부터 감각에서 벗어나 생각이 고요해지는 명상법을 배워 사념(思念, 근심하고 염려하는 등의 여러 가지 생각)을 떠난 깊은 평온의 삼매를 성취할 수 있었다. 순수한 무의 세계를 경험했지만, 생의 굴레로부터 완전히 벗어나는 해탈은 얻지 못했다.

그다음 싯다르타가 찾아간 스승은 웃다까 라마뿟따로, 그를 통해 더 깊은 삼매에 이르는 수행법을 배웠다. 그러나 명상에서 벗어나 현실로 돌아왔을 때 여전히 괴로움과 괴로움의 원인은 그대로 존재했다. 싯다르타는 모든 고통에서 벗어날 수 없다는 것을 깨우쳤다. 단순히 삼매에 드는 것만으로 해탈을 성취할 수 없음을 알게 된 것이다.

그의 앞에는 극단적인 고행의 길이 기다리고 있었다. 고행자의 숲으로 들어가 호흡을 멈추는 극단적인 수행에도 전념했다. 어떤 음식물도 섭취하지 않은 채 명상을 계속했다. 파키스탄 라호르 박물관에 있는 고행상은 당시 그가 얼마나 극한의 고통 속에서 수행에 전념했는지를 보여준다.

고행은 6년 동안 이어졌다. 몸은 수척할 대로 수척해져 갈

고행 중인 붓다의 모습

비뼈에 실핏줄까지 드러날 지경이었다. 싯다르타는 고행 끝에
수행에 대한 또 다른 깨달음을 얻었다. 극심한 고행과 금욕적
인 수행으로는 결코 해탈에 이르지 못한다는 사실이다. 이런
방식은 몸을 쇠약하게 만들뿐더러, 외부의 자극을 받아들이고
사유하며 창조적인 인식을 일으키는 마음의 능력마저 손상된
다는 것이 싯다르타가 내린 6년 고행의 결론이다.

　　붓다의 수행 과정을 비교적 소상히 기록한 율장에 따르면
싯다르타는 고행자의 숲을 떠나 우루벨라 마을 네란자라 강가
로 내려갔다. 지치고 쇠약한 몸을 강물에 씻어내고 마을 소녀

가 공양한 유미(乳糜)죽을 먹고 기력을 되찾았다.

이어서 싯다르타가 떠올린 것은 유년 시절 나무 아래에서 명상을 통해 초선의 경지에 이르렀던 경험이다. 해탈에 이르는 길, 지혜를 얻기 위한 최선의 길을 찾은 것이다. 지금의 붓다가야에 위치한 우루벨라 마을의 보리수 아래에서 싯다르타는 "만일 내가 모든 번뇌를 다 끊지 못하면 이 자리에서 일어나지 않으리라"는 다짐을 했다. 저녁이 밤으로 바뀌고, 떠오르는 샛별을 보며 싯다르타는 깊은 명상 끝에 깨달음을 얻었다. 깨달은 자, 즉 붓다가 된 것이다.

현대 서구에 유행하는 대부분의 명상법은 붓다의 수행법에서 비롯됐다. 사물과 현상을 진실한 상태 그대로 통찰하는 위빠사나 명상과『안반수의경(安般守意經)』에서 유래한 사띠 명상이 마음챙김(Mindfulness) 명상의 뿌리이다. 마음챙김은 심신에서 일어나는 경험을 있는 그대로 관찰하고 알아차리는 명상법이다. 불교를 믿을 필요도 자신의 종교를 버려야 할 필요도 없다. 다만 그 길을 통해 관찰하고 경험하며 진실한 자기 모습에 도달할 뿐이다.

병원에서는 환자의 통증과 스트레스를 감소시키려는 목적으로 명상을 사용한다. 질병의 치료에 보조적인 방법으로 다양하게 시도되고 있다. 기업이나 학교에서는 생산성과 창의성의 계발을 위해 도입하고 있다. 교도소와 군대에서 명상은 자신의 본모습을 마주하여 고통으로부터 도피하는 것이 아니라 도덕과 의무에 집중하도록 길을 열어주고 있다. 작가, 예술가와 같은 창작가는 자신의 영역에서 창조적인 면모를 만드는 데 도움을 받는다. 붓다는 그 섬세한 방법을 비교적 세세히 알려주고 있다.

일상에서의 명상하는 방법은 그다지 어렵지 않다. 집과 사무실에서 5분 정도 조용히 앉아 있을 편한 장소를 찾는다. 의자에 앉아도 좋다. 허리를 꼿꼿이 펼 수 있는 곳이면 어디라도 괜찮다.

일부러 어떤 생각을 떠올리지 않는다. 자기 몸과 마음에서 무엇이 일어나는지를 부드럽게 지켜본다. 감각을 통해 들어오는 외부의 자극에 반응하지 말고 몸의 감각, 생각과 감정이 떠오르는 대로 놓아둔다. 호흡은 특별한 방법을 따를 필요 없이 평소대로 편하게 하면 된다.

마음속으로 천천히 호흡에 집중한다. 호흡을 따라서 숫자를 세어 본다. 하나에서 열까지가 적당하다.

생각은 가만히 머물러 있지 않고 셋 또는 넷을 지나는 순간 어디론가 떠돌 수도 있다. 그러한 자신을 있는 그대로 지켜본다. 마치 사랑하는 반려동물을 품에 안듯이 의식을 다시 호

흡으로 가져온다. 그리고 조용하고 부드럽게 하나에서 열까지
세는 일을 계속해서 이어간다.

　이것은 붓다의 수행법 중 호흡을 헤아리는 수식관(數息觀)
에서 파생된 방법으로, 몸과 마음을 이완하고 집중하는 데 탁
월한 효과를 나타낸다. 반복하면 반복할수록 익숙해지며 명상
으로 통하는 길로 자연스럽게 들어설 수 있다.

무엇이 마음챙김인가

마음챙김 명상에 대한 일반적인 오해는 생각을 비워서 텅 비게 하는 수행이라는 것이다. 생각은 비워내도 계속 일어나게 마련이다. 마음챙김 명상을 통해 마음이 작용하는 방식을 깊이 이해하게 되면, 생각이나 감정과 더 조화로운 관계를 맺게 된다. 명상 수행을 하다 보면 가끔은 생각이 줄어들었다고 느낄 수 있는데, 이는 단지 떠오르는 생각과 덜 다투기 때문이다.

마음챙김 명상에 대해 흔히 하는 또 다른 오해가 있다. 명상에 빠진 사람의 생활은 평범한 생활과는 거리가 있고, 다른 의식 상태를 추구한다고 생각하는 것이다. 또한 정신과 육체의 초월적인 능력을 계발하는 것이 명상이라고 잘못 알려져 있기도 하다. 심지어 일상적인 현실에서 도피하려 한다고 여긴다. 이런 오해는 사실과는 명백히 다르다.

마음챙김 명상은 현재 순간에 집중해 늘 깨어 있는 것이다. 자신이 살고 있는 '지금, 이 순간'에 충실한 상태이다. 아무리 사소하고 일상적인 일이더라도 삶의 매 순간과 친밀하게 접촉하려는 노력이다.

마음챙김 명상은 환상에 빠져들어 상상 속으로 이끄는 여행이 아니다. 마음챙김은 생각이나 감정, 감각뿐 아니라 몸과 마음이 일치되어 자기 삶 속에서 현존하는 감각을 판단하지 않고 선입견 없이 경험하는 것이다. 마음챙김 상태는 우리가 어디에 있고 무엇을 하고 있는지 현존의 상태에서 바로 인식하게 한다.

마음챙김 명상의 효과는 단순히 현실의 고통에서 벗어나게 해 주는 것 이상이다. 고통스러운 상황에서도 지금 이 순간을 있는 그대로 알아차리고 받아들일 수 있게 해 준다. 매 순간을 깨어 있는 상태로 존재하면 현재가 어떤 형태이든 있는 그대로 받아들이고 느낄 수 있게 된다. 이런 태도는 몸과 마음의 긴장을 풀고 건강한 상태를 유지할 수 있도록 만든다.

마음챙김을 통해 현실을 수용하는 태도는 매 순간 상황이 확실히 나아지도록 이끈다. 이는 아픔을 회피하지 않고 직시하는 법을 배움으로써 가능해진다. 아픔과 고통은 성난 황소와 같다. 좁은 우리에 갇히면 마구 흥분한 채 도망치려고 날뛴다. 아픔이라는 황소가 훤히 트인 들판에 있게 되면 흥분은 자연스럽게 가라앉을 것이다. 이처럼 마음챙김 명상은 육체와 마음의 아픔을 위한 정서적 공간을 마련해 주는 것이다.

중요한 것은 마음챙김 명상이 어려운 상황과 불리한 환경을 수동적으로 견디게만 하는 것이 아니라는 점이다. 오히려 반대로 개인 생활과 직장 생활에서 불공정하거나 불쾌한 상황을 좀 더 명확히 인식할 수 있도록 한다. 그 상황을 해결하기 위한 최선의 행동을 찾아내 결정할 수 있도록 돕는다.

본격적인 불교의 마음챙김 수행뿐 아니라 순간순간의 경험에 대한 자각을 키우는 활동이라면 무엇이든 마음챙김 명상이 될 수 있다. 종교의 울타리를 벗어나서도 마음챙김 명상을 할 수 있는 것이다.

생각과 감정의 전반을 판단하지 않고 관찰함으로써 마음챙김 능력을 계발하고 강화할 수 있다는 것을 명심해야 한다. 마음에도 근육 운동의 법칙이 통한다. 운동을 계속하지 않을 때 근육은 위축된다. 마음을 챙기는 능력도 계속하여 연습하고 강화하지 않으면 약화될 수 있다. 이것이 육체와 정신의 자연스러운 현상이다.

마음챙김 명상을 계속하다 보면 판단이라는 여과기를 통한 경험만이 아닌 더 자유롭고 넓은 시각으로 삶의 요소를 경험할 수 있게 된다. 삶이라는 아름다운 정원에 물을 주고 돌볼 수 있다. 심지어 멋진 순간뿐 아니라 어려운 순간까지 모든 것을 있는 그대로 껴안을 수 있게 된다. 그것이 삶의 정원을 더욱 풍요롭게 만든다.

수행이 거듭되면 외부의 자극이나 환경보다는 자기 내면을 들여다보고 내재한 지혜의 장에 접근할 수 있다. 지금, 이 순간을 온전히 살지 못하고 과거의 기억과 미래의 불안에 사로잡혀 살아가는 것은 불행한 일이다. 몸과 마음이 현재를 벗어나 있어서 일상의 풍요로운 경험을 놓치게 되는 일 또한 안타깝다. 마음챙김 명상을 통해 자신과 타인을 향한 깊은 연민과 관대함과 친절함을 키워 삶을 더 풍요롭게 만들 수 있어야 한다.

행위에서 존재로

사람은 실제 세상과 마음속으로 바라는 세상 사이에서 원하는 모습을 그려내고, 끊임없이 비교하며 판단한다. 이것을 행위 양식(Doing Mode)의 삶이라고 한다. 이때 마음은 자기 생각과 이미지를 동력원으로 사용하며 대부분의 생각이 곧 실체라고 착각하며 살아간다. 실제의 세상을 살지 못하고 머릿속 생각의 세계에서 살기 시작한다. 이렇게 되면 삶의 많은 긍정적인 부분을 놓치게 되고, 삶 전체가 점차 기계적으로 굴러간다. 자동화 모드에 빠지기 시작하는 것이다. 심지어는 생각과 느낌, 감각뿐만 아니라 타인 그리고 세상과 관계 맺는 방식마저 자동화시킨다.

심리학자 대니얼 사이먼스(Daniel Simons)는 재미있는 실험을 했다. 사람들이 평소 얼마나 행위 양식에 의지해서 삶을 살아가는지를 보여주는 실험이다. 실험 참가자가 걸어가는 행인을 붙잡고 길을 묻는다. 행인이 길을 알려주는 동안 커다란 문짝을 든 두 사람이 둘 사이를 비집고 지나간다. 커다란 문 때문에 길을 알려주던 행인의 시야가 잠깐 가려진다. 그사이 처음 길을 물었던 사람은 다른 사람으로 바뀐다.

새로 투입된 사람은 처음 사람과는 완전히 다른 모습이었다. 머리 모양과 옷 색깔, 심지어 목소리도 달랐다. 그런데도 질문을 받은 행인 가운데 절반가량은 그 사실을 알아채지 못했다. 당연히 같은 사람이겠거니 생각하고 자동으로 반응할 뿐이다. 이 실험을 통해 우리가 얼마나 지금, 이 순간을 온전히 알아차리지 못하고 있는지를 알 수 있다. 자동화되고 습관화된 상태로 정신없이 살아가는 우리들의 모습을 보여준다.

이와는 반대되는 상태가 존재 양식(Being Mode)이다. 존재 양식은 너무 많이 생각하고 지나치게 분석하며 판단하는 마음의 오랜 습관에서 한 걸음 비켜서 있다. 행위 양식과는 전혀 다른 방식으로 마음이 세상과 관계를 맺는 것이다. 세상을 생각이나 감정의 필터를 거치지 않고 있는 그대로 보고 알아차리며 경험한다.

존재 양식은 우리가 모든 감각과 온전히 접촉하여 지각할 수 있게 해준다. 마음을 의식의 빛으로 충만한 상태로 되돌려준다. 행위 양식의 덫에서 벗어나 자유로운 마음의 상태라고 할 수 있다. 존재 양식의 삶을 되찾는 문이 마음챙김 명상에 있다. 우리는 명상을 통해 행위 양식에서 존재 양식으로 돌아갈 수 있다.

마음챙김 명상은 현재와 과거, 미래를 있는 그대로 보게 한다. 자신이 과거를 돌아볼 때면 지나간 기억을 회상하고 있음을 일깨운다. 미래를 바라볼 때면 생각을 일으켜 계획하고 있음을 자각하게 한다. 그러면 우리는 더 이상 정신적인 시간 여행의 노예가 되지 않는다. 과거를 반추하며 '다시' 살고, 아직 오지 않은 미래를 '미리' 살아가는 마음의 고통을 줄일 수 있다.

우리는 지금, 이 순간 의식적으로 어떠한 판단도 없이 있는 그대로의 실재에 주의를 기울이는 법을 배워야 한다. 경험을 판단하고 부정하며 다투지 않고 사랑하는 마음으로 있는 그대로를 볼 수 있어야 한다. 그것이 우리의 삶의 길을 다시 선명하게 보여줄 것이다. 원하는 대로 삶을 바라보는 것이 아니라 있는 그대로 보게 된다. 세상이 어떻게 됐으면 좋겠다고 기대하는, 혹은 어떻게 되지 않았으면 좋겠다고 두려워하는 집착의 상태에서 벗어나 현실을 있는 그대로 볼 수 있게 된다. 과거의 덫에 걸리거나 미래의 걱정에 사로잡혀 살기보다 '지금, 이 순간'을 살 수 있을 때 우리는 온전히 살아 있고 깨어 있게 된다.

이런 현존의 상태에서 비로소 자기 안에 있는 다양한 선택지를 창의적으로 살려낼 수 있다. 타인과 세상에 대해 그저 판단만 내리고 생각만 하는 대신 주변의 세상을 직접 경험하게 된다. 생각은 그저 지나쳐 가는 정신적 사건에 불과하다는 것을 잊지 말아야 한다.

행복과 만족, 조화를 위해 더 이상 외부 환경에 의존하지 말자. 오랫동안 잊고 있었던 자연스러운 열정과 활력과 평정심이 우리 내면에서 시원한 샘물처럼 솟아날 것이다. 삶의 통제권을 완전히 되찾게 될 것이다. 우리는 놀랍도록 넓게 볼 수 있을 것이고, 무엇이 중요하고 무엇이 중요하지 않은지를 쉽게 구분할 수 있게 될 것이다.

명상할 때의 일곱 가지 태도

세계적인 명상의 권위자 존 카밧진(Jon Kabat-Zinn) 교수가 말하는 마음챙김 명상의 일곱 가지 기본 태도는 명상을 시작하는 사람이나 이미 수행하고 있는 이에게 매우 중요하다. 기본 태도들은 상호 보완적이어서, 하나를 실천하면 다른 태도들이 저절로 연관되어 더욱 깊어진다.

첫째 기본적인 태도는 '판단하려 하지 말라(Non-judging)'이다. 우리는 기존의 가치 기준에 따라서 경험하는 모든 것을 끊임없이 판단하고 반응한다. 어떤 일, 어떤 사람 그리고 어떤 사건들에 대해 자기 느낌과 기준으로 '좋은 것'과 '나쁜 것'을 분류하고 평가한다. 명상하는 동안에는 그런 생각들을 판단하고 분석하지 말아야 한다. 그냥 알아차리고 내려놓아 저절로 사라지게 하라는 것이다. 생각을 좇아가거나 생각에 따라 행동하지 말고 조용히 호흡만을 지켜본다.

둘째는 '인내심을 가져라(Patience)'이다. 사물의 변화에는 시간이 필요하다. 번데기는 일정 시간이 지나야만 비로소 나비가 된다. 다만 시간이 걸릴 뿐이다. 인내심을 기르는 것은 지혜를 기르는 과정이다.

셋째는 '처음 시작할 때의 마음을 간직하라(Beginner's Mind)'이다. 어린아이들이 난생처음 무엇인가를 발견하고 놀라워하는 모습을 상상해 보라. 첫 경험은 기존의 생각이나 관념의 필터를 거치지 않은 순수한 것이다. 과거와 비교할 무엇인가가 없다. 사실 모든 순간순간은 유일하고 독특하다. 바로 지금의 이 호흡과 지금 맛보는 과일의 향기와 맛은 과거의 것과는 다르다. '지금'이라는 이 순간의 풍요로움을 느끼기 위해 소위 '초심'을 잃지 않고 간직해야 한다.

넷째는 '믿음을 가져라(Trust)'다. 자신을 이해하기 위해 바깥에 있는 권위자를 찾아 의지하기보다, 자신이야말로 스스로에 대한 최고의 권위자임을 믿어야 한다. 타인으로부터 배우려는 자세는 중요하지만, 인생의 매 순간을 살아가는 것은 바로 우리 자신이다. 스승의 말씀이나 책의 내용은 이정표에 불과하다.

다섯째는 '지나치게 애쓰지 말라(Non-striving)'이다. 명상 수행은 무엇인가를 하려고 안달하는 것이 아니다. 넉넉한 마음으로 자연스럽게 지켜보는 존재의 훈련이다. 무엇인가가 되려고 애쓰지 않는 것이다. 우리 마음은 좋아하고 원하는 것은 취하려고 애쓰고, 좋아하지 않는 것은 배제하려고 한다. 무슨 일이 일어나든 어떤 판단도 내리지 않은 채 일어난 그대로에 주의를 모아 무심히 바라보아야 한다.

여섯째는 '수용하라(Acceptance)'이다. 수용이란 모든 것을 다 좋아하라는 것이 아니다. 매사에 수동적인 태도를 취하는 것도 아니다. 있는 그대로에 만족해야 한다거나 할 수 없이 좋게 봐주라는 것 또한 아니다. 수용한다는 것은 만사를 있는 그대로 본다는 뜻이다. 사물과 사건이 진행되는 바를 있는 그대로 바라보는 것을 의미한다.

마지막 일곱째는 '내려놓아라(Letting Go)'다. 우리는 좋은 것을 더 붙잡고 있으려 한다. 좋은 느낌과 생각은 더 오랫동안 부둥켜안고 움켜쥐려 한다. 반면에 불쾌하고 힘들고 두려운 것이라면 벗어나고 피하려 한다. 경험의 어떤 측면에는 매달리고 또 어떤 것은 거부하려고 한다. 바로 그것을 알아차려 그렇게 하지 않아야 한다. 경험하는 것을 있는 그대로 보고 순간순간 온전히 알아차리도록 하는 것이다. 자기 마음이 무언가를 움켜쥐거나 배척하려는 것을 느끼면 그로부터 거리를 두어야 한다. 어떤 일이 일어나는가를 오롯이 관찰하도록 한다. 명상이란 어떤 별다른 곳에 가려고 애쓰는 것이 아니고, 자기가 이미 있는 곳에 그대로 존재하는 것이다. 지금, 여기에 나 자신 으로써 온전하게 존재하려는 노력이다.

사성제

불교는 괴로움이 있고, 괴로움에는 원인이 있으며, 괴로움에서 벗어난 상태가 존재하고, 그리고 괴로움에서 벗어날 수 있는 구체적인 길이 있다고 말한다. 이것을 네 가지 거룩한 진리, 즉 사성제(四聖諦)라고 한다. 사성제는 일종의 심리적 처방이다. 증상과 증상의 원인, 치유의 가능성과 치유에 이르는 방법이다.

첫 번째 진리는 고(苦), 즉 '괴로움이 존재한다'는 사실이다. 살아있는 모든 것에 필연코 아픔(Pain)이 따른다는 것은 피할 수 없는 진실이다. 불교 심리학은 아픔과 괴로움(Suffering)을 분명히 구분한다. 아픔은 자연 세계에서 피할 수 없는 일이다. 괴로움은 아픔과 다르다. 괴로움은 삶의 피할 수 없는 아픔에 대해 우리가 일으키는 저항이다. 아픔이 몸에서 일어난다면, 괴로움은 마음에서 일어난다. 괴로움은 우리가 집착하고 거부할 때 발생한다.

두 번째 진리는 '괴로움을 일으키는 원인(集)이 존재한다'는 사실이다. 집착이 그 원인이다. 본질적으로 삶은 끊임없이 변화하는 무상한 것이다. 그런데 우리는 이 사실을 거부한 채, 마치 그렇지 않은 것처럼 삶에 집착한다. 집착을 내려놓으면 괴로움에서 벗어날 수 있다.

세 번째 진리는 멸(滅), '괴로움에서 벗어난 상태가 있다'는 사실이다. 괴로움에서 벗어난 경지, 괴로움이 끝난 지점이 있다는 것이다. 아픔과 달리 괴로움은 결코 불가피한 것이 아니다. 자동 반응과 두려움, 집착을 내려놓을 때 괴로움에서 벗어나는 자유를 누릴 수 있다. 어디에도 집착하지 않을 때 자연스러운 평화와 행복이 있다. 이 자유를 모든 번뇌에서 벗어난 '열반(涅槃)'이라고 부른다.

네 번째 진리는 '괴로움의 소멸에 이르는 길이 있다'는 사실이다. 괴로움에서 벗어나는 길(道)이 곧 팔정도(八正道)이다. 팔정도는 바른 견해(정견正見), 바른 생각(정사유正思惟), 바른 말(정어正語), 바른 행동(정업正業), 바른 생계(정명正命), 바른 노력(정정진正精進), 바른 마음챙김(정념正念), 바른 집중(정정正定)의 여덟 가지를 말한다. 팔정도에서 말하는 '바름'은 치우치지 않다거나 '온전하다, 완벽하다, 효과적이다'라는 의미로 받아들여야 한다. 다시 말해 '바르다'라는 말은 우리가 어떻게 하면 괴로움의 그물에 걸려들지 않는가를 의미한다고 보아야 한다.

팔정도의 여덟 가지는 항상 상호적으로 작용한다. 하나를 깊이 닦으면 다른 일곱 가지도 함께 닦는 것이 된다. 이 길을 중도(中道)라고 한다. 중도는 우리가 어디에 있든 지금, 여기에서 평화를 찾도록 초대한다. 삶에 집착하지 않고 거부하지 않을 때 슬픔과 기쁨의 한가운데서 깨어 있음과 자유를 발견할 수 있다. 중도를 따라 걸어갈 때 우리의 삶은 완전히 하나로 통일된 상태가 되며, 마음을 고요히 만드는 법을 터득할 수 있다. 그것이 세상을 지혜로 보는 방식이다.

괴로움이 닥치면 사성제에서 길을 찾아보자. 자신을 진정시키고 괴로움을 당하고 있다는 사실을 인정하자. 그다음 그 괴로움의 성질과 원인을 살펴보아야 한다. 어떤 행동으로 인해 지금의 괴로움이 왔는지 자신에게 물어보아야 한다. 그리고 괴로움에서 벗어나기 위해 어떻게 해야 하는지 길을 찾자. 마음을 진정시키고 지금 겪고 있는 괴로움이라는 실체를 깊이 들여다보자. 그렇게 할 때 무엇이 지금 우리의 괴로움을 일으키고 있는지 볼 수 있다.

숨을 들이쉬고 내쉬면서, 우리가 겪고 있는 괴로움을 향해 미소 지으면 더 수월하게 깨어 있을 수 있다. 나라는 개인이 겪는 괴로움이 줄어들수록 세상에 존재하는 슬픔과 괴로움에 대한 자각은 커진다. 가슴이 열리면서 우리와 세상의 모든 사물이 연결되어 있음을 느낄 수 있다. 평화로운 가슴에 머물 때 우리는 탐욕과 성냄, 어리석음의 괴로움에서 벗어나기 시작하는 스스로를 발견할 수 있을 것이다.

네 가지 마음챙김

붓다는 몸에서 몸을, 느낌(감정)에서 느낌을, 마음에서 마음을, 법(dharma)에서 법을 마음챙김하면 해탈의 길로 나아갈 수 있다고 했다.

몸에서 몸을 마음챙김하는 것이 그 첫 번째 길이다. 지금, 이 순간 자기 몸에 실재하는 경험에 주의를 기울이는 방법이다. 어떤 때는 따끔거림이나 열기, 차가움, 통증이 느껴질 수도 있다. 때로는 긴장이 사라지는 것을 경험하기도 한다. 따뜻한 마음으로 자기 몸에 주의를 기울이면 상처받은 곳이 서서히 열리기 시작하고 우리 몸속에 있는 치유의 에너지가 흘러넘치기 시작할 것이다. 그리고 몸은 스스로를 치유하고 삶의 지혜로운 방식을 가르쳐 줄 것이다. 어떤 일이 벌어지든 우리 몸에서 경험되는 것은 단지 일시적일 뿐임을 깨닫게 된다. 마음챙김을 거듭할수록 우리가 진정 누구인지에 대한 알아차림도 깊어진다.

두 번째 마음챙김의 확립은 느낌에서 느낌을 알아차리는 것이다. 느낌에 대한 마음챙김을 통해 모든 느낌의 근본 색깔을 알 수 있다. 즐거운 느낌, 괴로운 느낌, 즐겁지도 괴롭지도 않은 느낌의 세 가지이다. 우리 대부분은 즐거운 느낌이 들면 습관적으로 붙들고 집착하려고 한다. 괴로운 느낌은 피하려 한다. 즐겁지도 괴롭지도 않은 느낌이 드는 것은 미처 잘 알아차리지 못한다.

자신의 느낌을 알아차리지 못하면 그 안에서 길을 잃는다. 또한 특정 느낌을 두려워하게 될 수도 있다. 일어나고 사라지는 느낌을 있는 그대로 알아차리게 되면 문제는 느낌 자체가 아니라 느낌과 자신의 관계에서 온다는 것을 알게 된다. 이에 따라 마음챙김과 지혜로 느낌을 받아줄 충분한 공간을 만들면, 떠오르는 느낌들을 자연스럽게 내려놓게 된다. 그럴 때 비로소 마음은 자유로워진다.

세 번째 마음챙김의 확립은 마음에서 마음을 알아차리는 것이다. 육체적 감각의 강이 의식을 거쳐 가는 것처럼 우리 내면에는 생각의 강이 흐른다. 제일 먼저 할 수 있는 일은 자기 생각의 소리에 귀를 기울여 알아차리는 일이다. 그러면 덧없이 사라지는 생각의 특성을 보게 된다.

대부분의 생각은 순식간에 사라져 버리거나 일시적일 뿐이다. 침묵 속에서 호흡은 호흡 자체로 숨 쉬며 생각과 느낌이 일어났다 사라지는 것을 지켜보아야 한다. 그 순간 몸의 긴장이 서서히 이완되는 것을 경험할 수 있고 생각의 강은 훨씬 더 깊고 넓게 이어질 것이다. 이것을 무한한 지혜라고 일컫는다.

우리가 마음에서 마음을 알아차리는 마음챙김을 습관화하면 점차 내면의 깊은 곳에서 자연스럽게 올라오는 지혜를 얻게 된다. 현재 순간에 명료한 주의를 기울일 때 사념은 더욱 가볍게 비워지며, 사념이 더 많이 비워질수록 사랑과 지혜로 가득 찬 치유 공간은 더 넓어진다.

마지막 확립의 단계는 법에서 법을 마음챙김하는 것이다. '다르마'에는 진리라는 뜻도 있고 진리로 향하는 길이라는 뜻도 있다. 또한 삶을 구성하는 요소라는 의미도 갖는다. 그리하여 법에서 법을 본다는 것은 진리를 있는 그대로 보는 것을 뜻한다. 마음챙김을 통해서 우리는 모든 경험이 본질적으로 덧없고 공하다는 것을 깨닫게 된다. 모든 것이 변한다는 불변의 진리를 깨닫고 그 안에서 마음의 평정을 찾게 될 때 진정한 열반에 이르게 된다.

붓다는 이런 진리를 깨달아 삶이 본질적으로 열려 있으며 자유롭고 비어 있음을 깨달았다. 그 순간 두려움과 집착이 사라졌고 자아라는 환상에서 깨어나 비로소 열반을 성취했다. 이런 이해는 직접적이면서 즉각적인 경험이다.

우리가 따로따로 분리된 존재라는 느낌이 사라지면 모든 순간을 오롯이 경험할 수 있다. 붓다는 인간의 정체성이 자아라는 작은 범주에서 벗어나 무한한 자유로 확장될 수 있음을 보여주었다. 우리도 이를 성취할 수 있다. 법에 대한 마음챙김을 할 때 자아라는 작은 생각에서 벗어나 무한한 자유와 현존으로 옮겨가게 된다. 미친 듯이 불어오는 굴곡진 삶의 바람 속에서 지혜로 빛나고 자유로울 수 있다면 인간이 가진 무한한 잠재력을 알게 된다. 속박을 벗어난 완전한 자유는 타고난 권리이며, 우리는 이것이 진실임을 알아야 한다.

사마타 수행의 아홉 단계

집중을 통해 명상을 지속하는 사마타 수행의 목적은 마음을 완전히 집중하는 선정(禪定)이다. 사마타를 성취한다는 것은 거친 흥분과 정밀하고 묘한 흥분, 집중이 풀어지며 느슨해지는 거친 해이감과 집중 속에서도 미세하게 일어나는 정밀하고 묘한 해이감에서 완전히 자유로워진다는 것을 의미한다. 이때 마음은 대상에 고정되어 다른 감각들은 닫힌다. 그리고 대상에 몰두하되 아무런 노력이 들지 않는다. 마치 얼음판 위에서 하키 퍽이 아무런 저항 없이 미끄러지는 것처럼 인위적인 노력이 필요 없게 된다.

또한 사마타를 성취하면 급격한 신체적인 변화를 느낄 수 있다. 전혀 예상치 못했던 황홀경이 몸과 마음에 밀려오는 경우도 있다. 온몸과 마음을 채우는 이런 황홀경은 그 자체가 의미를 갖는 것은 아니지만, 하나의 분명한 표시인 것은 확실하다.

티베트 불교는 사마타 수행을 아홉 단계로 나누어 설명한다. 그 첫 번째 단계는 항상 바깥을 향하던 우리 마음이 안의 대상을 향하게 되어 내면에 주의를 고정하는 단계이다. 사마타 수행의 대표적인 방식인 호흡 알아차림에서 콧구멍이나 윗입술 위로 호흡이 지나가는 촉각에 주의를 둘 수 있다. 숨이 들어오고 나가는 것을 알아차릴 수 있으면 되는 것이다.

두 번째는 내면의 대상으로 향하는 마음을 오래 고정해 주의를 유지하는 것이다. 마음속에는 여전히 잡다한 혼란들이 존재하며 이 때문에 대상이 아주 명료하지 않을 수 있다. 이때 마음이 흩어지는 산란이나, 무겁게 가라앉는 혼침에 빠질 수 있으나 그 상태를 인식하고 곧바로 호흡으로 돌아오면 된다.

세 번째 단계에서는 산란과 혼침, 그리고 차분히 머무는 마음이 번갈아 나타나는 상태가 지속된다. 이 시점에 이르면 30~40분 정도 주의를 대상에 머무르게 할 수 있다. 그 시간 중에도 우리는 거친 흥분 때문에 대상에 대한 주의를 완전히 놓치거나 가끔 명상에 대해 잊는다. 하지만 아주 빠르게 되돌릴 수 있게 되어, 대상으로부터 그리 오랜 시간 떠나 있지 않게 된다.

네 번째는 밀착해서 고정하는 단계이다. 마음이 깊은 고요함에 잠기고 한 시간 정도는 대상을 놓치지 않는다. 이 시점에서 거친 흥분이 일시적으로 극복된다. 마음챙김의 힘은 최고조에 달한다. 명상은 이제 안정되고 마음은 서서히 길들여지고, 자신의 마음과 다투는 일이 적어진다. 산란은 점차 가라앉는다. 이 단계에서는 명상 과정을 감시하는 내성(內省)이 특히 중요하다.

다섯 번째 단계에서는 거친 긴장이 풀어지고 느슨해지는 해이감을 극복하게 된다. 명상 대상에 더 세심한 주의를 기울여서 주의력을 향상할 수 있다. 그 대상에 대해 더 밀도 높고 명료한 마음챙김의 순간을 성취할 수 있다.

여섯 번째는 정밀하고 묘한 흥분조차 제거되어 평안해지는 단계이다. 이 단계를 성취할 즈음이면 우리의 감각은 상당 부분 줄어들고, 외부 환경에서 오는 자극은 극도로 적어진다. 이 시점에서 명상에 대한 모든 정서적 저항은 사라진다. 주의의 지속성은 매우 견고하게 유지된다. 이제 우리가 보는 것이 엄청나게 생생해진다. 이 단계에 안주하기가 매우 쉬운데, 그래도 앞으로 나아가 얻을 것이 남아 있다.

우리가 좀 더 수행해서 가장 정묘한 해이감까지 극복하면 일곱 번째 주의 단계를 성취한 것이며, 이를 완벽한 평안이라 한다. 어떤 해이감이나 흥분이 일어날 위험은 사실상 없어졌다. 그래도 아직 내성이 필요하다.

여덟 번째 단계에 들어서면 명상을 시작할 때 별다른 노력이 필요치 않게 된다. 일단 시작하면 아무런 노력 없이도 자연스럽게 진행된다. 이 시점에서는 내성도 별로 필요치 않다. 외부의 감각들은 닫히게 되고 아무것도 듣지 못할 수도 있다. 우리는 안으로 잠겨 있고 그저 그 상태를 지속한다. 시간은 느려진다. 조금만 노력해도 마음이 한 곳에 몰입하여 선정에 든다. 하지만 분별과 번뇌가 완전히 그친 것은 아니다. 그렇긴 해도 분별과 번뇌가 일어나고 사라질 때 집착하지 않고 확고한 알아차림을 유지할 수 있다.

　　이렇게 여덟 번째 단계에 익숙해진 힘으로 평등 고정이라는 아홉 번째 단계에 도달하게 된다. 그저 이 상태에 머무르는 것만으로도 초월적 의식 상태인 변성(Trance)이 일어나게 된다. 에너지가 몸에서 이리저리 움직이며 새롭게 조정된다. 내면에서 새로운 회로망이 창조되는 것과 같다. 의도적으로 노력하지 않아도 저절로 명상 상태에 머무를 수 있고, 특정한 대상을 의식적으로 알아차리려 하지 않아도 자연스레 인지할 수 있게 된다.

2

마음챙김 명상

편안한 명상 자세

몸은 우리 마음의 물리적인 지지대라는 것이 붓다의 가르침이다. 몸과 마음의 관계는 물잔과 그 속에 담긴 물의 관계와 비슷하다. 평평하지 못한 곳에 물이 담긴 물잔을 두면 불안정하게 기울어지거나 작은 충격에도 물이 쏟아질 수 있다. 평평하고 안정적인 곳에 두면 물잔 속 물은 완전히 고요한 상태가 된다.

마음을 수행하는 가장 좋은 출발점은 안정된 몸의 자세를 만드는 것이다. 마음의 긴장은 풀면서 동시에 깨어 있을 수 있도록 몸을 정렬하는 명상 자세가 있다. 바로 비로자나 부처님의 일곱 가지 중심 자세라고 알려진 칠지좌법(七支坐法)이다.

우선 명상할 수 있는 안정된 자세의 기반을 만드는 것이 중요하다. 가장 안정된 자세는 두 다리를 교차시킨 후 각각의 발을 반대쪽 다리 허벅지에 올리는 결가부좌이다. 이 자세가 힘들면 한쪽 다리만 반대쪽 다리 허벅지에 올리는 반가부좌도

결가부좌 자세

괜찮다. 이 두 자세가 모두 불편한 사람은 다리를 단순하게 교차시키는 책상다리를 하면 된다. 바닥에 앉기가 너무 어렵고 아프다면 등받이가 곧은 의자에 앉아도 괜찮다.

이렇게 안정된 자세를 취한 후 손바닥을 위로 향하게 두고 오른손을 왼손 아래에 겹쳐 양 엄지손가락이 살짝 맞닿게 한다. 겹쳐진 두 손을 배꼽 바로 아래 다리 위에 자연스럽게 올려놓는다. 이 자세는 몸에 더 많은 에너지를 만들어 정신이 맑지 않거나 졸음이 올 때 더욱 유용하다. 불교에서 전통적으로 오른손은 자비를, 왼손은 지혜를 상징한다.

몸통과 팔 윗부분 사이에 약간의 공간을 유지한다. 어깨는 자연스럽게 편다. 가슴이 열려서 편안하고 안정되게 호흡이 유지되도록 도울 수 있는 자세를 취한다. 이때 어깨는 긴장하지 않고 이완되도록 한다.

척추를 곧추세워 균형이 잘 맞는 자세를 취한다. 머리와 목과 등은 일직선으로 세우되 너무 뻣뻣하게 해서는 안 된다. 몸이 안쪽으로 기울어진다든가 앞쪽으로 너무 많이 구부러져서도 안 된다. 몸이 구부정하게 되면 폐가 압박을 받아 편안한 숨쉬기를 방해하며, 몸 안의 다른 장기도 눌려 불편해지는 원인이 된다.

턱은 약간 아래를 향하며 살짝 안쪽으로 당긴다. 목뼈가 압박받지 않는 자세를 찾는다. 이렇게 몸이 바른 균형을 잡으면 명상 시 마음의 대표적인 성향인 들뜸과 지루함을 다스리는 데 도움이 된다. 입과 턱 주위 근육의 긴장을 풀면서 치아와 입술 사이가 아주 조금 벌어지도록 놓아둔다. 혀의 끝부분을 앞니 바로 뒤쪽 입천장에 살짝 붙여둔다. 이렇게 하면 침이 많이 흐르거나 입이 마르는 것을 예방해서 주의가 산만하지 않도록 해준다.

눈은 떠도 되고 감아도 된다. 눈을 감으면 시각적 방해물들이 즉시 제거되어 자신의 마음에만 집중할 수 있는 장점이 있다. 명상을 시작한 지 얼마 되지 않은 사람은 그 상태가 도움이 될 수 있다. 하지만 계속해서 눈을 감고 명상하면 인위적인 고요함에 집착하기 쉽다. 수행의 목표는 돌부처처럼 완벽한 명상 자세를 유지하는 것이 아니다. 명상이 우리 삶의 일부가 되게 하는 것이다. 이런 점을 생각하면 어느 정도 명상에 진전이 있을 때 눈을 뜨는 편이 더 좋을 수도 있다. 이럴 경우에는 코끝 앞쪽 약 70㎝ 정도 되는 편안한 지점에 시선을 뚝 떨어뜨린다는 느낌을 유지한다. 이때 특정한 지점을 응시하지는 않는다. 시선을 살짝 아래쪽에 두는 것은 마음이 고요해지는 데 도움이 된다.

중요한 것은 척추를 곧추세우고 몸의 나머지 부분은 긴장을 푸는 것이다. 몸과 마음이 지나치게 느슨하지도, 긴장하지도 않은 중도를 유지하는 것이 핵심이다.

마음챙김 명상

마음챙김 명상은 붓다에 의해 처음으로 세상에 알려졌다. 그리고 그를 따라 수행한 이들에 의해 불교 수행의 한 가지 흐름이 됐다. 현대에 와서는 종교적 굴레를 벗고 다양한 종교·문화적 배경을 가진 사람들이 마음을 탐구하는 수단으로 관심을 받고 있다.

마음챙김 명상은 호흡을 토대로 자각을 증진시킨다. 붓다에 의해 특별히 고안된 이 방식은 호흡이 매 순간 자연스럽게 이루어지는 생명현상으로써 언제나 이용이 가능하다는 점에 주목한다. 호흡은 가장 쉬운 주의 대상이며, 명상의 닻 역할을 한다.

우선 명상할 수 있는 편안한 장소를 찾아야 한다. 처음 명상하기에는 5분 정도의 시간도 충분하다. 숙달될수록 시간을 조금씩 늘려갈 수 있다. 매일 연습하다 보면 20분에서 30분 정도 편안하게 명상할 수 있는 때가 온다. 마음챙김 명상으로 최상의 일상적 수행을 실행하고 있는 자신을 발견하게 될 수도 있다. 오직 시간과 연습이 필요하다. 평생 둔해진 자각이 하루 아침에 예리해지지는 않기 때문이다.

허리는 곧추세우고 몸은 이완된 상태로 편안하게 자세를 잡는다. 가슴을 활짝 펴고 천천히 세 번 정도 심호흡한다. 호흡에 집중하며 아랫배가 부풀어오르고 가라앉는 것을 관찰한다. 그리고 숨이 들어오고 나갈 때 콧구멍의 감각에 초점을 맞추고, 코로 공기를 들이쉬고 내쉬는 그 느낌에 집중해야 한다.

호흡을 조절하거나 바꾸려고 하지 말고 그저 관찰한다. 어떤 방식으로도 조절하려 해서는 안 된다. 마음이 헤맬 때는 헤매고 있음에 주목한다. 집중이 흐트러진 자신을 비난하거나 판단하지 않고 다시 호흡에 집중한다. 선입견으로 판단하지 않고 일어나는 모든 것을 받아들여야 한다. 집중이 흐트러져도 자신을 질책하지 말고 자비로운 마음으로 다시 집중하면 된다.

명상을 시작한 지 얼마 되지 않았을 때 집중이 어렵고 옆길로 새는 것은 누구에게나 자연스러운 일이다. 자신도 모르게 무언가를 계획하고 분석하거나 곰곰이 생각하는 일에 빠지게 된다. 딴생각을 일으키지 않는 사람은 없다. 끊임없이 잡념이 일어나는 것이 마음의 본래 속성이다. 단지 이렇게 된 자신의 상태를 알아차리고 부드럽게 다시 주의를 호흡에 집중하면 된다.

명상을 가벼운 운동이라고 생각해도 좋다. 그 운동은 뇌가 집중할 수 있는 회로를 만들어 가는 것이다. 마음챙김이란 현재 이 순간에 일어나는 일을 판단하지 않고, 생각과 감정이나 감각이 일어나는 것을 알아차리는 일이다. 그것들을 있는 그대로 받아들이는 의식적인 노력이다. 무슨 일이 생기든지 어떤 일을 하든지 현재 이 순간에만 집중하는 마음 상태라 할 수 있다.

스스로를 책망하지 않고 그저 자신에게 일어나는 일에 대해 알아차려야 한다. 자신의 주의를 호흡으로 부드럽게 가져오면 된다. 신경과학자들의 연구에 의하면 호흡에 초점을 맞추고 들이쉬고 내쉬는 리듬이 대뇌를 통합된 신경학적 상태로 유도한다고 한다. 이것이 대뇌 기능을 최적의 상태로 만들어 준다. 최근 연구에서는 '지금, 이 순간'의 마음챙김 뿐만 아니라, 주의 집중이 흐트러졌다가 다시 집중하는 순간도 유용하다는 사실이 밝혀졌다. 집중이 거듭될수록 마음은 더 넓어지고 깊어진다는 것이다.

명상은 마음과 감정의 상태를 이해하는 데 필요한 여유와 통찰력을 제공한다. 명상을 지속할수록 늘어나는 여유와 통찰력으로 점점 더 현명하고 더 긍정적으로 일할 수 있다. 명상은 세속을 떠난 수행자나 깊은 산 속 동굴에서 수행하는 금욕주의자, 고행자만을 위한 것이 아니다.

물론 첫걸음에 마라톤 완주를 해낼 수는 없다. 노력 없이 효과가 지속되지는 않는다. 그러나 오랫동안 수행하고 이에 익숙해진다면 명상이라는 단어를 듣는 것만으로도 지혜의 품성을 느끼고 수행의 에너지 안에 자신을 둘 수 있다. 마치 커튼을 걷어내는 순간 어두웠던 공간이 햇살에 즉시 밝아지는 것과 같다. 일상의 순간에도 이처럼 자연스럽게 별다른 노력 없이 행복에 이르는 때가 올 것이다.

호흡 바라보기

호흡은 물을 순환시켜 썩지 않게 하는 바다의 파도와 같다. 호흡은 그 자체로 온전한 생명이다. 호흡 과정에 익숙해지는 것은 본질적으로 생명의 가장 중요한 요소와의 관계를 발전시키는 것이다. 또한 호흡은 마음의 상태에 직접 영향을 주고 건강한 활동을 하게 만든다. 특히 마음챙김 호흡이라고 하는 이 과정을 통해 마음은 평화로운 상태에 이를 수 있다.

또렷한 의식으로 마음챙김 호흡을 하면 늘 깨어 있는 삶을 영위하게 된다. 망상, 걱정, 잡념과 환상으로부터 마음을 독립시킬 수 있다. 호흡에 대한 명상은 마음과 삶을 들여다보는 거울이 된다.

호흡을 제대로 바라보기 위해서는 우선 바른 자세로 편안하게 앉는다. 바닥에 앉는다면 반가부좌를 튼다. 의자에 앉았다면 두 발을 바닥에 댄다. 척추는 자연스럽게 곧바로 편다. 두

손을 허벅지 위에 올리고 팔과 어깨는 편안하게 힘을 뺀다. 턱은 가볍게 당기고 눈에 힘을 뺀 채 시선은 눈앞 약 70 cm 정도에 둔다.

얼굴과 턱의 긴장뿐 아니라 혀의 긴장도 풀고 혀끝을 윗니 바로 뒤에 가볍게 닿도록 한다. 명상하려고 앉을 때 타이머를 맞추거나 향을 피워도 좋다. 향은 간혹 잠들지 않게 하는 데 도움을 주고 일종의 타이머 역할도 한다.

준비가 다 되었으면 부드럽게 그리고 단호하게 마음을 호흡에 집중하려고 노력한다. 호흡을 알아차리다가 잡념에 빠졌다는 것을 자각하면 부드럽게 호흡으로 되돌아오면 된다. 실제로 해 보면 호흡에 계속 집중하고 싶어도 마음이 뜻대로 되지 않음을 발견할 것이다. 이것이 바로 야생의 마음 상태이다. 마음속 야생마가 날뛰는 가운데 기수마저 허둥대면 고요한 평화와 지혜를 얻을 수 없다. 명상 과정은 우리가 전문 기수가 되어가는 과정이다. 날뛰던 말을 능숙하게 길들임으로써 마음을 좀 더 내 의지대로 움직일 수 있도록 훈련시키는 것과 같다.

호흡을 알아차리고 일정하게 유지함으로써 안정적이면서도 규칙적인 들숨과 날숨의 흐름을 확립하게 된다. 이렇게 마음과 호흡의 관계를 계속 반복해서 재정비하는 가운데 안정감이 형성되고 호흡은 더 깊어진다. 그 결과 생겨난 마음의 힘과 여유가 몸 전체로 퍼져나가며 우리 의식과 하나가 되어 빛을 발하게 된다. 호흡에 집중하다 보면 순간순간에 충실하게 되고 마음이 맑아지며 다른 대상에 오롯이 집중할 수 있는 능력도 향상된다. 현재 삶에서 무슨 일이 벌어지고 있는지를 명료하게 알아차림으로써 호흡은 삶의 지표가 될 수 있다.

일상생활을 하다 보면 마음은 대부분의 경우 현재에 집중하지 못하고 과거나 미래를 떠돈다. 그것이 일상적인 마음의 상태이다. 마음이 과거에 매이다 보면 쉽게 감상에 빠져 우울해지고 과거의 선택에 대해 후회하거나 심지어 뒤늦게 화가 나기도 한다. 마음이 미래에 있으면 앞으로 무슨 일이 벌어질지 모르기 때문에 지나친 걱정과 염려에 늘 불안해한다.

물론 과거를 되짚어 보면서 지난 일을 성찰함으로써, 현재에 그와 비슷한 상황에서 결정을 내릴 때 좀 더 현명한 판단을 내릴 수 있다는 장점이 있다. 미래를 생각하는 것도 앞으로의 계획을 세우기 위해 필요한 과정이기도 하다. 그러나 그러한 계획을 이뤄내 앞으로 나아가기 위해서는 무엇보다 현재에 온전히 집중해야 한다.

과거의 사건은 이미 지난 것이고 미래는 아직 오지 않았다. 우리가 살아가는 곳은 오직 지금, 현재뿐임을 명심해야 한다. 미래의 계획도 지금만 세울 수 있다. 호흡과 함께 현재에 충실할 때 삶을 더 소중히 여기며 현존할 수 있다.

호흡 바라보기

- ○ 바닥에 반가부좌로 앉거나, 의자에 앉는다면 두 발을 바닥에 대고 편안한 자세를 취한다.
- ○ 허리는 바르게 펴고 온 몸의 긴장을 모두 내려놓는다.
- ○ 숨이 들어오고 나가는 감각에 집중한다.
- ○ 계속해서 편안하게 호흡한다.
- ○ 호흡을 놓치면 부드럽게 호흡으로 되돌아온다.
- ○ 처음에는 5분이면 충분하다. 호흡에 익숙해지면 차츰 시간을 늘려 간다.

3분 호흡 공간 명상

3분 호흡 공간 명상은 '응급 명상'이다. 슬픔이나 분노, 불안, 스트레스에 압도당할 때 자신을 되찾고 자각을 회복할 수 있게 하는 명상이다. 호흡이 고르지 못하고 감정이 고조되거나 마음이 정신없이 날뛸 때 유용하다. 이 명상은 마음챙김 명상의 핵심 요소를 세 단계로 압축한 것이다. 내면에서 자신을 공격하는 생각이나 불안이 올라올 때 호흡 공간을 활용하여 균형감을 회복한다. 단계마다 1분 정도 시간이 소요된다. 아주 간단하지만 위와 같은 상황에서 잊지 않고 실행하기란 쉽지 않은 도전이다. 익숙해지면 스트레스를 받거나 필요한 어느 때라도 이 명상법을 활용할 수 있다. 부정적인 생각을 미처 의식도 하기 전에 사라지게 할 수도 있다.

첫째 단계는 '알아차리기'이다. 편안하고 바르게 앉은 자세를 취한다. 눈은 살짝 감는다. '지금, 이 순간'에 주의를 집중한다. 지금 내 몸과 마음에서 무슨 일이 일어나고 있는지를 알아차리려 노력한다. 지금 펼쳐지는 경험이 무엇이든 아무것도 바꾸려고 하지 않는다. 어떤 생각이 일어나면 최선을 다해 그 생각을 일종의 '정신적 사건'으로 보도록 한다. 지금 느끼고 있는 것이 무엇이든 그것을 다른 것으로 바꾸려 하지 않고 있는 그대로 인정하고 수용한다.

두 번째 단계는 '주의를 모아 한곳에 집중하기'이다. 들숨과 날숨을 알아차리는 연습이다. 숨이 들어오면서 배가 팽창하고 숨이 나가면서 배가 꺼지는 것을 관찰한다. 숨이 들어오고 나가는 모든 과정을 놓치지 않고 알아차린다. 호흡 감각에 주의를 집중하는 동안 마음이 다른 곳을 방황하면 부드럽게 의식을 호흡으로 되돌린다. 호흡을 '지금, 여기'에 머물게 해 주는 닻으로 삼는다. 끊임없이 바쁜 생각의 흐름을 잠시 멈추고 호흡의 파도를 타면서 들숨과 날숨, 그 사이의 멈춤뿐 아니라 연습하는 동안 경험하는 모든 감각을 알아차려 본다.

세 번째 단계는 '주의 확장하기'다. 인식 영역을 신체 전체로 확장한다. 몸 전체에 대한 경험의 알아차림으로 옮긴다. 몸이 차지하는 전체 공간을 상기하며 이 순간 몸에서 일어나는 어떠한 감각이든지 생생히 느껴 보도록 노력한다.

친절한 마음으로 마치 온몸이 숨 쉬는 것처럼 지켜본다.

그렇게 함으로써 외적 공간뿐만 아니라 내적 공간도 감지할 수 있다. 이는 사물을 더 넓은 관점에서 관찰하도록 도와준다. 만약 신체 어떤 곳에 특별히 강한 느낌이 떠오른다면, 그것을 바꾸려 하지 말고 있는 그대로 그 느낌을 알아차릴 수 있는지 지켜본다. 만약 원한다면 숨을 들이마실 때 이 신체 부위로 숨이 흐르게 한다. 숨을 내쉴 때는 부드러워지게 해 본다. 이렇게 함으로써 그 부위의 감각을 그대로 두고 탐색하면서 친밀해질 수 있다. 연습은 자신의 속도에 맞게 진행한다.

3분 호흡 공간 명상을 하는 동안 의식이 모래시계 모양을 하고 있다고 상상하는 것도 도움이 된다. 호흡 공간 명상의 첫 단계에서 의식이 마치 모래시계 윗부분처럼 넓게 열려 있다고 보는 것이다. 이 단계에서 주의를 활짝 열어 놓고 의식으로 들어오고 나가는 어떤 것이라도 부드럽게 있는 그대로 인정한다. 그러면 생각과 느낌, 신체 감각의 모든 것이 일어났다가 사라진다는 것을 알 수 있다.

모래시계의 가운데 좁은 목 부분은 두 번째 단계에서 호흡 감각을 느끼는 아랫배의 어느 한 지점과 비슷하다고 상상할 수 있다. 그리고 세 번째 단계는 모래시계의 바닥처럼 넓은 모양을 하고 있는데, 여기서 의식의 문을 활짝 연다. 자신이 세상 안에 분명하게 자리 잡고 있다는 사실을 부드러우면서 확고하게 재확인한다. 그 자리는 평화와 위엄, 온전함을 갖춘 있는 그대로의 우리 몸과 마음이다.

지금, 여기에 온전히 집중함으로써 깊은 정신적 이완과 확장된 의식의 관점을 경험하게 되는데, 이를 통해 일상생활에 신선한 활력을 가지고 되돌아가게 된다. 현실과 단절하거나 도피하는 것이 아니다. 오히려 지금까지와는 다르게 새로이 다시 창조된 관점으로 '지금, 이 순간'과 관계 맺는 방법이다.

3분 호흡 공간 명상 (응급 명상) 따라하기

○   자리에 앉아 최대한 편안한 자세를 유지한다.

○   세 번 천천히 심호흡을 한다.

○   지금 내 몸과 마음에서 무슨 일이 일어나고 있는지 알아차린다.

○   들숨과 날숨을 통해서 배가 팽창하고 수축하는 감각을 알아차린다.

○   인식의 영역을 몸 전체로 확장하여 알아차린다.

근본적 수용과 위빠사나 명상

근본적 수용이란 내면에서 일어나고 있는 생각과 감정을 분명히 인식하고 바라보는 것이다. 친절함과 사랑의 마음으로 보아야 한다. 어느 순간이든 몸과 마음 안에서 일어나고 있는 것을 통제하고 판단하거나 회피하지 않고 의식한다. 근본적 수용의 첫 번째 날개는 마음챙김이다. 순간순간 경험하고 일어나고 있는 것을 정확하게 알아차리는 일이다.

자기 경험을 어떤 방식으로든 조절하려 하거나 없애려 하지 않으면서 이 모든 것을 의식해야 한다. 주의는 모든 조건에서 자유롭게 열려 있는 상태이다. 명확히 볼 수 없다면 경험을 진실하게 수용할 수 없다. 일어났다 사라지는 생각과 느낌의 물결을 붙잡고 변화시키려 하거나 저항하지 말고 마음챙김 하여야 한다. 이러한 마음챙김을 통해 가장 깊은 원래의 본성이 깨어 있다는 것, 그리고 우리의 진정한 본성은 끝없는 자비의 바다임을 인식할 수 있다.

근본적 수용의 두 번째 날개는 자비이다. 두려움과 슬픔의 감정에 저항하는 대신 아이를 보듬는 어머니의 사랑처럼 자신의 고통을 감싸안는다. 자비는 우리가 지각한 것과 부드럽고 호의적인 방식으로 관계할 수 있는 능력을 길러준다. 이 순간의 삶과 있는 그대로 친해지게 한다.

자비는 분노나 실망을 밀어내거나 판단하지 않는 대신, 부드럽고 친절하게 자신의 아픈 상처와 함께할 수 있도록 도와준다. 마음챙김과 자비는 거대한 새의 두 날개만큼이나 상호 의존적이다. 두 날개가 같이 움직여야 새는 날 수 있고 자유롭다. 마음챙김과 자비는 함께 기능하며 서로를 강화한다. 참된 치유를 이끌어내기 위해서는 그 둘이 함께해야 한다. 근본적 수용의 두 날개는 늘 변화하는 삶을 그 자체로 존중하고 소중하게 여기도록 만든다.

위빠사나 명상은 이러한 두 날개 중 하나인 마음챙김 능력을 기르는 불교 수행법이다. 이를 통해 근본적 수용을 체험할 수 있다. 먼저 의식을 또렷이 하고 자리에 편안히 앉는다. 등을 바로 펴고 몸의 긴장을 내려놓는다. 눈을 감고 마음의 눈으로 자신의 몸을 머리끝에서 발끝까지 부드럽고 천천히 살핀다.

심호흡을 두세 차례 한 후 자연스럽게 호흡한다. 숨이 코에서 들어오고 나갈 때의 감각을 지켜본다. 콧구멍 주위나 인중 근처에서 숨이 드나드는 것은 비교적 느끼기 쉽다. 호흡에 따라 가슴이 움직이거나 배가 불렀다가 꺼지는 것을 느낄 수도 있다. 이때 호흡이 가장 뚜렷하게 느껴지는 한 곳을 정해 그 감각에 주의를 둔다.

호흡을 인위적으로 통제하거나 불필요하게 집착하지 않는다. 오직 자연스럽게 호흡을 바라본다. 편안하되 깨어 있는 의식으로 매 순간 호흡에 따른 감각의 변화를 알아차린다. 이런저런 생각들이 계속 떠오를 수도 있다. 그 생각들을 억지로 쫓아낼 필요는 없다. 생각이 떠오르는 순간 그것을 있는 그대로 무심하게 바라본다.

계속 생각이 떠오르면 '생각, 생각'이라고 부드럽고 친절하게 이름을 붙여본다. 그런 다음 아무런 판단 없이 다시 호흡으로 돌아온다. 호흡을 온전한 깨어 있음의 닻으로 사용한다.

만약 어떤 특정한 감각이 강해져서 계속 신경이 쓰인다면, 호흡 대신 이 감각을 바라보며 마음챙김을 해도 된다. 따뜻하거나, 차갑거나, 따끔거리거나, 후끈거리는 느낌일 수도 있다. 부드럽고 열린 의식으로 감각을 단지 있는 그대로 느끼며 어떻게 변하는지 알아차려 본다.

같은 방식으로 두려움, 슬픔, 행복, 흥분 등의 강한 감정을 마음챙김 할 수도 있다. 떠오르는 감정에 매달리거나 저항하지 말고, 또렷이 깨어서 그저 바라본다. 그런 감각과 감정들이 누그러지면 다시 호흡으로 돌아온다.

마음챙김을 훈련할 때 일어나는 생각이나, 신체적 감각, 정서적 느낌은 사실 그렇게 중요한 것이 아니다. 그저 근본적 수용을 연습하며 씨앗을 심는 과정일 뿐이다. 위빠사나 명상을 하다 보면 점차 일상생활에서 일어나는 모든 경험과 부드럽고 명료하게 관계 맺는 힘을 기를 수 있게 될 것이다.

위빠사나 따라하기

- ○ 등을 바로 펴고 긴장에서 벗어나 온몸을 부드럽게 이완한다.
- ○ 심호흡을 두세 차례 하고 자연스럽게 호흡한다.
- ○ 마음의 눈으로 머리끝에서 발끝까지 천천히 살핀다.
- ○ 호흡을 통해 감각이 일어나는 곳에 집중하여 주의를 둔다.
- ○ 호흡에 따른 감각의 변화를 알아차린다.
- ○ 호흡에 따라 감정이 일어나면 그 감정을 무심히 알아차린다.
- ○ 감각과 감정이 누그러지면 다시 호흡으로 돌아와 집중한다.

건포도 먹기 명상

건포도 먹기 명상은 매 순간 펼쳐지는 삶을 있는 그대로 알아차리고, 마음챙김 수행에 필요한 통찰력을 기를 수 있는 핵심적인 수행법이다. 마음챙김은 과거나 미래에 집착하지 않고 지금 이 순간 일어나는 모든 일에 대한 판단을 내려놓는 일이다. 현재 순간에 일어나는 일을 온전히 받아들인다. 잠시 모든 일에 대한 판단을 유보하고 당면한 미래의 목표도 제쳐 놓아야 한다. 자신이 바라는 것이 아닌 현 상태를 있는 그대로 받아들이는 것이다.

행동의 속도를 늦추고 감각적 경험의 모든 측면에 신중하게 관심을 기울이면 이전에는 보지 못했던 것을 발견할 수 있다. 예를 들어 건포도 명상을 통해 경험하는 건포도의 냄새는 상상했던 것과 다를 수도 있다. 혀끝에서 느껴지는 질감 또한 낯설거나 진기한 경험이 될 것이다. 건포도 한 알의 맛이 아무 생각 없이 한 번에 20여 개를 입안에 털어 넣었을 때보다 훨씬 더 풍부하게 느껴질 수 있다. 이전에는 경험해 보지 못한 느낌을 안겨 줄 수도 있다.

이렇듯 마음챙김은 음식물을 먹는 경험을 완전히 바꿔 놓을 수 있다. 우선 건포도 한 알을 집어 손바닥 위에 놓는다. 온 신경을 건포도에 집중한다. 마치 태어나서 처음 보는 물건인 것처럼 건포도를 관찰하자. 먼저 아주 조심스럽게 온 마음을 기울여 주의 깊게 바라본다. 건포도의 구석구석을 자세히 살펴본다. 가장 반짝이는 부분과 빛을 반사하는 부분, 움푹 들어가서 어두운 부분, 접히고 주름진 부분 등을 살핀다.

이제 손가락으로 건포도를 잡고 질감을 탐색한다. 눈을 감아야 촉감이 더 예민해진다면 눈을 감아 보자. 손가락으로 건포도를 이리저리 굴리면서 질감을 느껴 보자. 어떤 느낌이 드는가? 부드러움, 딱딱함, 탄력성, 끈적거림 등 손에 닿는 느낌을 있는 그대로 받아들인다. 차갑거나 따뜻하거나 어느 정도의 무게감이 느껴질 수도 있다.

다음에는 코 밑으로 건포도를 가져가 숨을 들이쉴 때 어떤 일이 일어나는지 관찰하자. 달콤하거나, 톡 쏘거나, 매운 냄새가 나는가? 어떤 냄새든 온전히 알아차린다. 아무 냄새가 없다면 냄새가 없음을 알아차린다. 향기를 들이마실 때 입이나 뱃속에서 일어나는 일에 주의를 기울여 보자. 조금은 엉뚱해 보일지도 모르겠지만 건포도를 귀에 대고 문질러 보면 어떤 소리가 들릴 수도 있다.

이제 건포도를 천천히 입으로 가져가면서 손과 팔이 어떻게 움직이는지 살핀다. 혀가 건포도를 받아들이기 위해 어떻게 하는지도 관찰하자. 건포도를 정확히 어디에, 어떻게 위치시켜야 하는지도 살핀다. 천천히 건포도를 입 안에 살짝 넣은 뒤 씹지 말고 혀로 이리저리 굴리면서 적어도 30초간 건포도의 느낌에 온 신경을 집중해 보자. 혀 위에 놓인 건포도가 촉촉한지 건조한지 열린 알아차림으로 느껴 보자.

씹을 준비가 되었으면 건포도가 입안 어디에 어떻게 있는지 알아차려 보자. 의식적으로 한 번, 또는 두 번 깨물면서 어떤 감각이 느껴지는지를 알아차린다. 시간이 지남에 따라 순간순간 그것이 어떻게 변하는지 세세히 관찰하자. 이때 입안에 어떤 느낌이 퍼지는지 살핀다. 건포도가 내는 어떤 맛이라도 있는 그대로 느껴 본다. 이빨로 건포도를 씹을 때의 질감도 느껴 본다. 아직 삼키지는 말고 천천히 여러 차례 건포도를 씹는다. 계속 씹다 보면 삼키고 싶어질 수도 있다. 하지만 실제로 삼키기 전에 그 충동을 온전한 알아차림으로 경험해 본다.

건포도를 삼키기 위해 혀가 어떻게 하고 있는지 주의 깊게 관찰한다. 건포도를 삼키면서 느껴지는 감각을 그대로 따라갈 수 있는지 지켜본다. 다 삼킨 후에는 혀가 어떤 일을 하는지도 관찰한다. 가능하다면 삼킨 건포도가 위장까지 내려가는 느낌을 의식적으로 감지해 본다. 마지막으로 건포도를 다 먹은 다음의 느낌을 있는 그대로 다시 느껴 보는 시간을 갖는다.

건포도 한 알을 먹는 매우 간단한 행위라도 그것에 의도적으로 주의를 집중하면 전혀 다른 경험으로 변한다는 사실을 알 수 있다. 보고, 듣고, 맛보고, 냄새 맡고, 만지는 모든 기쁨이 우리가 제대로 느끼지도 못하는 사이에 흘러가 버린다. 이처럼 우리는 일상의 많은 부분을 놓치면서 살고 있을 것이다. 진정으로 살 수 있는 시간은 오직 '지금, 이 순간'뿐인데도 우리는 미래나 과거에서 살고 있다.

건포도 먹기 명상 따라하기

○ 건포도 한 알을 집어 손바닥에 놓는다.

○ 모든 신경을 건포도에 집중한다.

○ 건포도의 생김새와 촉감, 마음에서 일어나는 감정을 살핀다.

○ 건포도를 코 밑에 두고 냄새를 살핀다. 냄새가 나면 그 냄새를 세세히 살피고 냄새가 나지 않으면 나지 않는 상태를 지켜본다.

○ 건포도를 귀에 대고 문질러서 나는 소리를 살핀다.

○ 건포도를 입 안에 넣고 혀와 닿는 감촉과 맛을 살핀다.

○ 건포도를 자연스럽게 씹으며 감각을 살핀다.

○ 건포도의 맛과 혀의 감촉을 살핀다.

○ 건포도가 일으키는 다양한 감각과 그에 따른 감정을 살핀다.

바디 스캔 명상

바디 스캔(Body Scan)은 매사추세츠 대학병원의 존 카밧 진 교수가 1980년대 '마음챙김 기반 스트레스 감소(MBSR, Mindfulness-Based Stress Reduction)' 프로그램을 개발, 보급하면서 대중화됐다. 이 프로그램은 현재 전 세계 250개가 넘는 의료기관을 포함해 총 700여 곳의 기관에서 도입하여 활용하고 있다. 그 숫자는 계속해서 늘어가는 추세다.

바디 스캔은 몸과 마음을 강력하고 통일된 전체로 다시 통합하는 과정의 시작이다. 몸의 각 부위로 주의를 옮겨 가면서 신체 부위를 아무런 판단 없이 알아차린다. 그다음 부위로 주의를 옮겨 몸 전체를 마치 스캔하듯이 훑는다. 자신의 신체 부위에서 발견한 내용을 최대한 객관적으로 관찰한다.

이 명상의 기본적인 수행 방법은 신체 부위 한 곳을 잠시 의식의 중심 무대에 세웠다가 다시 부드럽게 내려놓고 다음 신체 부위로 이동해 나가는 방식이다. 핵심은 주의 대상이 되는 신체 부위에서 어떤 느낌이 일어나는지를 실제로 체험하고 그 느낌에 머무는 데 있다. 감각이든 생각이든 있는 그대로 알아차려 수용하는 것이 중요하다. 이 명상법은 우리의 의식과 신체에 대한 감각을 새롭게 연결해 준다. 몸은 보다 이완되고 안정된 기분을 맛보게 된다. 시간은 약 35분 정도가 적당하지만, 상황에 따라 조절해도 좋다.

명상을 시작할 때 우선 조이거나 불편하지 않은 옷을 입고, 방바닥이나 침대에 등을 대고 눕는다. 따뜻하고 이완된 기분을 느끼는 데 도움이 된다면 가벼운 담요를 덮는 것도 괜찮다. 누운 자세에서 손은 옆구리에서 15cm 정도 떨어진 곳에 놓고 발은 어깨너비만큼 벌린다. 눈을 감고 편안한 자세를 잡으면서 체중을 완전히 중력에 맡긴다. 세 번 천천히 이완되게 호흡한다.

의식을 집중해서 왼쪽 발가락부터 시작한다. 어떤 감각이 있는지 알아차려 본다. 그리고 천천히 발등을 지나 다리로 옮겨 가면서 신체 여러 부위의 감각을 그냥 느껴본다. 왼쪽 다리에서부터 골반에 도달하면 오른쪽 발가락으로 주의를 부드럽게 옮기고 차츰 발 전체와 종아리, 허벅지를 거쳐 골반까지 되돌아오도록 한다.

이번에는 주의 집중의 대상을 골반, 허리, 배, 등과 가슴, 어깨로 이동한다. 다음에는 왼쪽 손가락, 손, 팔뚝, 팔꿈치, 그리고 오른쪽 손가락, 손, 팔뚝, 팔꿈치를 거쳐 어깨로 되돌아오도록 한다. 그다음은 목, 얼굴 전체, 후두부, 정수리까지 이르도록 한다. 정수리에 이르러서는 그곳에 숨구멍이 있다고 상상하고 정수리를 통해 호흡한다고 생각한다. 정수리를 통해서 들어온 공기는 몸 전체를 지나 발가락 끝으로 나가고, 발가락 끝에서 들어온 공기는 몸 전체를 거쳐 정수리의 숨구멍으로 나간다고 상상한다. 몸 전체를 통해 호흡하고 있다고 생각한다.

몸 전체에 친절하고 연민 어린 따뜻한 주의를 보내고 자비심의 샤워로 몸 전체를 적신다. 정수리에서 발끝까지 감사, 연민, 존중으로 샤워한다. 바디 스캔이 끝나면 몸 전체가 사라지는 듯한 느낌이 들 수도 있다. 무슨 느낌이 일어나든, 설령 아무 느낌이 없더라도 상관하지 말고 침묵과 고요 속에 그대로 머문다.

바디 스캔을 하다 보면 처음부터 발가락이나 다른 신체 부위에서 아무런 감각을 느끼지 못하는 사람들도 있다. 아무것도 못 느끼면 못 느끼는 대로 무심히 바라보고 그대로 받아들인 후 다음 신체 부위로 주의를 옮기면 된다. 어떤 사람들은 특정 부위의 통증에 너무 압도되어 집중하는 데 어려움을 겪기도 한다. 만일 함께 머무르기에 너무 힘겨운 신체 부위가 있다면 그 부위는 건너뛰어도 된다.

　이 연습을 통해 몸에 대하여 지속적인 주의를 기울이는 능력을 키울 수 있다. 특별히 신체적으로 혹은 정서적으로 불편함이 있을 때 몸에 대해 보다 존중하고 감사하는 태도를 기를 수 있다. 숨을 들이마실 때 신선한 에너지가 들어오고 숨을 내쉴 때 스트레스나 긴장이 빠져나간다고 상상하면 도움이 된다.

바디 스캔 명상 따라하기

○   바닥에 몸을 대고 눕는다. 최대한 따듯하고 이완된 상태를
    유지한다.

○   두 발 사이는 어깨 너비만큼 벌리고, 양 손은 몸에서 살짝
    떨어뜨려 자연스럽게 놓는다.

○   눈을 감고 편안한 자세를 유지한 채 심호흡을 한다.

○   의식을 집중하여 발가락부터 발등, 종아리, 허벅지, 골반까
    지 올라오며 주의를 옮긴다.

○   차례로 골반부터 상체 곳곳의 신체 부위로 옮겨 가며 주의
    를 기울인다.

○   목과 얼굴을 지나 정수리까지 이르면 그곳에 숨구멍이 있
    다고 상상한다.

○   숨구멍을 통해 몸 전체로 호흡하고 있음을 느낀다.

○   호흡을 따라 정수리부터 발끝까지 감사와 연민과 존중의
    마음으로 온몸을 지나친다.

마음챙김 걷기 명상

방석에 앉아 명상하다 보면 신체적인 고통을 느끼거나, 번뇌가 일거나, 졸음이 오기도 한다. 이러한 것을 쫓기 위해 몸을 움직여야 할 때 좋은 방법이 있다. 바로 걷기 명상이다. 이 수행은 정좌 명상과 일상생활 속 마음챙김 사이에 훌륭한 가교 역할을 한다. 현재 이 순간 마음과 몸이 지속해서 알아차릴 수 있는 능력을 기르는 데 도움을 준다.

우선, 다른 사람들의 시선을 신경 쓰지 않고 이리저리 걸어 다닐 수 있는 안전한 실내 또는 바깥 장소를 찾는다. 두 발을 어깨너비로 벌려 평행이 되도록 하고, 양발에 고르게 체중을 싣고 선다. 두 팔은 양옆에 편안히 늘어뜨린다. 눈은 자연스럽게 뜨되 시선은 똑바로 앞을 향한다. 부드럽게 선 자세로 있는 자신을 알아차린다.

정수리에서 발바닥까지 천천히 주의를 이동시킨다. 그리

고 바닥에 닿아 있는 발바닥을 느낀다. 실내라면 양말을 벗는 편이 훨씬 더 좋다. 발바닥이 바닥과 어떻게 접촉하는지, 압력과 온도, 체중의 분배, 부드러움과 딱딱함 등을 느낀다.

자애롭고 감사하는 마음을 일으킨다. 이 작은 두 발이 몸 전체를 받치고 있다. 그것을 그저 알아차리기만 하면 된다. 발과 다리의 감각을 더욱 분명하게 느끼기 위해 잠시 무릎을 부드럽게 구부리는 것도 도움이 될 수 있다. 천천히 앞뒤로 움직이고 무릎으로 작은 원을 그리면서 발바닥을 느낀다.

이제 체중을 왼쪽 다리로 완전히 이동시킨 다음 오른쪽 발의 나머지 부분을 들어 올려 천천히 앞쪽으로 이동한다. 이 때 다리와 발에 전해지는 감각 패턴이 어떻게 변화하는지 인식한다. 그리고 이번에는 다리가 지면에 닿을 때 오른쪽 발뒤꿈치에 관심을 집중한다. 오른쪽 발이 지면에 완전히 닿으면 이제 왼쪽 발뒤꿈치를 지면으로부터 천천히 들어 올려서 장딴지 근육에 전해지는 감각을 확인하며 계속해서 움직인다. 왼쪽 발을 천천히 들어 올린 다음 체중이 완전히 오른쪽 발에 실리도록 한다.

앞으로 나아갈 때는 왼쪽 발과 다리에 모든 인식을 집중하고 왼쪽 발뒤꿈치가 지면에 닿도록 한다. 오른쪽 발과 다리가 지면에서 떨어질 때 전해지는 체중의 느낌에 주의를 기울인다. 그리고 천천히 움직이기 시작한다. 한 발을 들고 앞으로 나아가며, 다른 발이 바닥에서 떨어지기 시작할 때 먼저 나간 발을 디디면서 어떤 느낌이 드는지 알아차린다. 다른 발에 대해서도 똑같이 한다. 들어 올리고, 뻗고, 딛는 감각을 거듭하여 느낀다.

야외라면 걷는 동안 행복하고 아름답고 감동을 주는 것들을 얼마나 많이 알아차릴 수 있는지 바라본다. 신선한 공기, 따스한 햇볕, 살랑대는 나뭇잎, 돌멩이의 모양, 새들의 지저귐, 발밑 흙의 감촉들을 알아차릴 수 있다. 뭔가 즐겁고 유쾌한 것을 발견했을 때, 자신을 그 속으로 들어가게 하라. 진정으로 그것을 즐겨 보자. 원한다면 부드러운 나뭇잎이나 나뭇가지의 질감을 느낄 수 있다. 마치 그것이 이 세상에 존재하는 유일한 것인 양, 그 경험에 자신을 맡긴다.

한 꽃에서 충분한 꿀을 취하고 다른 꽃으로 날아가는 꿀벌이 되어 본다. 한 곳에서 꽉 채워졌을 때 다른 곳으로 가 본다. 걷는 행위에 인식을 집중하다가 마음이 방황하는 것이 느껴진다면 걷는 행위에 다시 관심을 돌릴 수 있도록 마음을 신체에 두며 걷기에 집중한다. 주의 깊게 알아차리면서 계속해서 걷는다. 그러면 걷기의 경이로움을 경험할 수 있을 것이다.

걷기의 목적은 가능한 많은 유쾌한 것들을 천천히, 한 번에 하나씩 알아차리는 것이다. 아주 미묘한 움직임을 관찰하기 위해 얼마나 많은 감각이 동원되는지를 깨달으면 매우 놀랄 것이다. 이 수련을 통해 다른 모든 활동을 할 때도 마음을 챙겨 움직이는 방법을 정확하게 터득할 수 있다.

마음챙김 걷기 명상 따라하기

○ 주변의 방해를 받지 않고 걸을 수 있는 곳을 찾는다. 두 발은 어깨 너비로 벌리고 자연스럽게 선다.

○ 정수리에서부터 발바닥까지 주의를 기울여 살핀다.

○ 실내라면 맨발바닥에 닿는 바닥의 감각을 느낀다. 감촉과 압력, 온도 등을 느껴본다.

○ 오른쪽 다리부터 천천히 들어서 체중을 앞으로 이동시켜 발걸음을 내딛는다. 다리와 발에서 느껴지는 움직임을 온전히 느낀다.

○ 오른쪽 발이 바닥에 닿으면 왼쪽 다리를 천천히 들어 앞으로 내딛는다.

○ 다리를 앞으로 내딛을 때 체중의 움직임과 감각에 주의를 기울인다.

○ 야외에서는 주변 환경의 미세한 변화까지 생생히 주의를 기울여 느껴본다.

○ 마음이 산란하면 다시 걷는 동작에 주의를 집중한다.

○ 주변과 내가 하나 되는 것을 느끼며 천천히 걷는다.

달리기 명상

현대 사회에서 마음과 몸의 균형은 일상적으로 위협받고 있다. 달리기를 통해 몸과 마음을 함께 단련하면 자연스러운 조화와 균형이 생긴다. 달리기는 걷기의 연장된 형태로 자연스러운 운동 중 하나이다.

달리기는 심장을 강화하고 체내에 산소를 공급하며 신경계에 활력을 주는 최고의 유산소 운동이다. 동시에 자연과 하나가 되어 맑은 공기를 호흡할 수 있는 좋은 방법이 된다. 달리기는 호흡의 깊어짐을 촉진할 수도 있어서 더 깊은 수준의 명상도 가능케 한다.

달리기는 몸의 습관뿐 아니라 마음의 습관도 변화시킨다. 명상과 마음공부만 하다 보면 육체의 건강함을 지켜가는 몸의 자신감을 잃을 수 있다. 반대로 운동만 하다간 타고난 선함과 지혜에 대한 마음의 자신감을 잃을 수 있다. 달리기는 물리적 차원에서 명상을 보조하고 명상은 정신적 차원에서 도움을 준다. 이렇듯 달리기와 명상은 자연스럽게 연결될 수 있다.

우선 운동하기 좋은 장소를 찾아 충분히 몸을 푸는 것부터 한다. 달리기를 시작하기 전에 크게 심호흡을 서너 번 한다. 일단 달리기를 시작하면 주변에서 일어나고 있는 일을 계속 명확하게 자각하도록 노력하면서 몸에 주의를 기울인다. 달리고 있을 때 몸이 어떻게 느껴지고 달리는 동작에 근육이 어떻게 반응하는지 살핀다. 발뒤꿈치부터 땅에 닿는지 아니면 발 가운데나 앞꿈치부터 닿는지 주의를 기울여본다.

달릴 때는 머리와 어깨를 중심으로 바른 자세를 유지하려 노력해야 한다. 자세를 곧바르게 하면 심혈관계의 활용이 최적화되어 그 효과도 더불어 높아지기 때문이다. 어느 정도 달리다 보면 달리기 동작이 온몸의 움직임 속에서 원활해진다. 그때 몸이 바람에 흔들리는 풀처럼 부드럽게 움직이는 것을 알아차리게 될 것이다.

처음 달리기를 시작할 때는 호흡이 비교적 얕을 수 있다. 달리기를 계속 하다 보면 점차 호흡이 깊어지면서 편안해진다. 생리 기능의 대부분은 호흡을 중심으로 이루어진다 해도 과언이 아니다. 호흡이 생명의 근원이기 때문이다. 호흡 과정에 익숙해지는 것은 본질적으로 생명의 가장 중요한 요소와의 관계를 계발하는 것이다. 호흡을 지켜보며 그 가치를 인식하고 호흡 과정에 완벽하게 빠져드는 것이야말로 명상과 달리기의 핵심이라고 할 수 있다.

명상에서 호흡에 집중하는 것은 각종 망상, 걱정, 잡념과 환상으로부터 마음을 분리해 건강한 활동을 하게 만드는 것이다. 달리기가 몸에 좋은 운동인 것처럼 명상은 마음에 좋은 유익한 운동이라고 생각할 수 있다. 달리기에서 균형 잡힌 명상적 측면을 발견함으로써 마음이 좀 더 편안해지고, 현재 하는 일을 명확히 알아차릴 수 있게 된다. 마음챙김은 마음이 좋고 나쁜 생각의 바람을 따라 이리저리 흔들리지 않게 잡아주는 연줄과 같다. 달리는 내내 몸과 내면을 지속해서 성찰하면서 의식적인 차원에 주의를 기울이려고 노력해야 한다.

현재에 온전히 집중할 때 우리는 깨어서 마음챙김 할 수 있다. 마음챙김은 단순한 뇌의 작용 이상이다. 의식은 뇌 속에만 갇혀있지 않기 때문이다. 의식은 온몸에 골고루 퍼져 있다.

달리기를 통해 몸에 주의를 집중하면 우리의 마음과 정체성에도 주의를 집중하게 된다. 마음챙김 달리기는 일어나는 생각과 느낌을 미세하게 알아차릴 수 있을 만큼 의식의 깨어남을 가능케 한다. 달리는 동안 주의는 우리 마음속에 머무르게 되고, 그렇게 집중력이 강화되고 나면 달리기를 통해서도 명상 수련과 같은 방식으로 마음을 다룰 수 있게 된다. 끝내 현실의 본질에 대한 이해를 더 깊게 해 깨달음에까지 이를 수 있다. 이것은 초월적인 지혜로, 관념을 통해 사물을 이해하는 것을 넘어서는 의식의 수준이다. 이러한 지혜는 이것과 저것을 분리하는 이분법을 초월하는 것으로 진정한 의미에서 '깨달음'이라 부를 수 있다.

달리기 명상 따라하기

- ○ 달리기 좋은 곳을 찾아 스트레칭으로 몸을 풀고 심호흡을 한다.
- ○ 달리기 시작하면 주변에서 일어나는 일에 주의를 기울인다.
- ○ 내 몸의 근육과 동작을 살핀다.
- ○ 발이 땅에서 떨어지고 닿는 과정에 주의를 기울인다.
- ○ 근육과 발바닥의 감각에 주의를 집중한다.
- ○ 머리와 어깨 등 자세를 바르게 하도록 노력한다.
- ○ 달리기를 하는 동안 호흡을 편안히 하도록 집중한다.
- ○ 달리는 템포에 맞춰 호흡을 지켜본다.
- ○ 오직 달리는 순간에만 마음을 집중한다.

자애 명상

자애(Lovingkindness) 명상은 우리 가슴을 일깨우는 심오한 수행 방식이다. 자애는 억지로 불러내지 않아도 오랜 침묵 가운데 자연스럽게 드러난다. 자애의 마음은 한 번도 거기 '없었던 적이 없기' 때문이다. 자애 명상은 격심한 분노에 빠진 마음 상태를 다스리는 데 유용하다. 압도적인 감정에 휩쓸린 마음 상태를 부드럽게 해주어, 우리가 분노의 에너지에 완전히 굴복되는 일이 없도록 해준다.

감정에 반응하지 않고 판단하지 않으며, 열린 가슴으로 현존하는 대로 알아차리면 분노나 슬픔 또는 그 어떤 감정이라도 본질을 꿰뚫어 볼 수 있다. 알아차림 속에서 분노와 슬픔은 힘을 잃고 약해져서 증기처럼 사라진다. 마치 비누 거품을 건드리면 톡 하고 터지듯이, 혹은 물 위에 쓴 글자가 이내 흔적 없이 사라지고 말듯이 감정이 사라지는 순간에 자애의 마음은 분명하게 드러난다.

편안한 자리에 앉아 등을 곧추세우고 몸의 긴장을 내려놓는다. 마치 외부에서 자신을 바라보듯, 현재의 자세에 주의를 집중한다. 이제 세 차례 느리고 편안하게 가슴 깊이 호흡한다. 이완되는 몸과 편안해지는 마음을 느낀다. 잠시 머물러 호흡의 파도를 타면서 매 순간 알아차림의 안정된 플랫폼을 확립한다.

손을 가슴이나 다른 편안하고 위로가 되는 곳에 얹어 놓을 수도 있다. 자신에게 사랑스러운 주의를 가져온다는 사실을 상기하기 위해서다. 모든 살아있는 존재가 평화롭고 행복하게 살고 싶어 한다는 것을 마음속으로 떠올린다. 억지로 동정심을 불러내거나 착한 마음을 일으키려고 애쓰는 것이 아니다. 마음속에 이미 내재하고 있는 친절함과 다정함이 저절로 흘러넘치게 하는 것이다.

자신에 대한 사랑과 수용, 친절의 느낌을 가슴속에서 어루만질 수 있는지 본다. 어떠한 판단도 하지 않고 다만 어머니가 아이를 품에 안듯이, 자애의 느낌에 푹 빠질 수 있는지 살핀다. 매 순간 최선을 다하여 자애로운 느낌 속에 머물면서 자신을 친절한 관심으로 받아들이는 것이다. 이러한 느낌이 강요된 억지가 아니라 스스로 지속되도록, 자연스러운 것이 되도록 한다. 아주 조금만 이런 느낌을 맛보아도, 우리 정신의 표면 아래에 있는 온갖 부정한 감정과 자기 비난, 자기혐오에 대한 훌륭한 처방전이 될 수 있다.

이제 호흡을 자연스럽게 모든 의식의 바탕으로 삼고 자신에게 가장 의미 있는 문구를 제공한다. 바람, 공기, 숨, 세상이 속삭이는 소리를 들을 수 있게 반복한다.

"내가 안과 밖의 위험으로부터 보호받고 자유롭기를.
내가 행복하고 만족하기를.
내가 건강하고 온전하기를.
내가 안정이라는 평안을 경험하기를.
내가 공포와 고통에서 벗어날 수 있기를.
내가 안전하기를, 내가 편안하게 살기를."

이렇게 마음을 편안하게 해주는 문장을 세 차례 반복한 후 그 말과 그 말의 의도를 가슴 가까이 가져온다. 어떤 감정이 일어나도 그 감정을 알아차리고 그대로 수련을 계속하는 것이 중요하다.

이러한 사랑스러운 주의가 지닌 온기를 느낀다. 자기의 진정한 본성이 지닌 아름다운 씨앗을 발견해 본다. 우리의 몸과 마음속으로 깊이 침투해 들어오는 느낌을 알아차려 본다. 주의가 떠돌면 다시 한번 부드러운 호흡의 리듬으로 돌아온다.

자애 명상을 하는 동안 무엇을 어떻게 느껴야 한다는 등의 기대하는 마음을 모두 내려놓는다. 자기연민은 꼭 필요한 순간에 격려해 주는 좋은 친구처럼 자연스럽게 다가올 것이다. 우리 가슴의 가장 깊은 본성에 대하여 충실해야 한다. 그럼으로써 지구에서 생겨난 우리, 생명의 흐름에서 생겨난 우리, 우주에서 생겨난 우리는 자애 수련의 몸짓이 지닌 관대함과 그것이 우리 가슴에 미치는 영향으로 정화되어 더 온전한 존재가 될 수 있다. 조금이라도 자애 명상을 한다면 수행의 가장 큰 수혜자는 우리 자신이 될 것이다.

자애 명상 따라하기

○ 편안한 자리에 앉아 등을 펴고 몸의 긴장을 푼다.

○ 깊은 호흡을 유지하면서 몸 바깥에서 자신을 지켜보듯 자세를 살피며 세 차례 심호흡을 한다.

○ 호흡의 파도를 타면서 매 순간 몸과 마음을 편안히 살핀다.

○ 손을 가슴 또는 위로가 되는 곳에 둔다.

○ 마음 속으로 살아있는 모든 존재가 평온하고 행복하기를 바라는 마음을 일으킨다.

○ 어머니가 아이를 살피듯이 자애로운 마음을 일으킨다.

○ 바람, 공기, 숨결의 소리를 들을 수 있도록 노력한다.

○ 자애의 마음을 일으키는 문장을 세 차례 반복한다.

"내가 안과 밖의 위험으로부터 보호받고 자유롭기를. 내가 행복하고 만족하기를. 내가 건강하고 온전하기를. 내가 안정이라는 평안을 경험하기를. 내가 공포와 고통에서 벗어날 수 있기를. 내가 안전하기를, 내가 편안하게 살기를."

○ 그 말의 의미를 마음에 새기며 호흡한다.

연민 나누기

살아있는 모든 생명체에 대한 자비와 연민을 가지는 것은 대승불교의 수행 목표이기도 하다. 이것을 깊이 수행하는 연민 나누기를 통해 자기 내면의 싸움과 슬픔을 견뎌내는 방법을 찾을 수 있다. 주변의 모든 고통이나 슬픔과 연결되는 방법을 배우게 되고, 만나는 모든 대상을 애정 어린 보살핌으로 대하는 방법을 배울 수 있다. 격렬한 고통을 겪는 동안일지라도 연민은 내면에 있는 자비의 천사처럼 힘겨운 상황을 뚫고 지나갈 수 있는 길을 찾아준다. 연민은 우리의 참된 본성 중에서도 기본적인 부분이기 때문에 가능한 일이다. 어떤 조건에서도 우리는 내면에 존재하는 연민을 불러올 수 있다.

편안한 자세를 취하고 '지금, 이 순간'에 고요히 머무른다. 부드럽게 호흡하면서 몸과 심장 박동, 그리고 내면의 생명력을 편안하게 느낀다. 가장 사랑하는 사람을 마음속에 떠올린다. 그가 느끼는 슬픔과 삶의 괴로움을 알아차린다. 연민의 마음으로 그의 고통과 만난다. 열린 가슴으로 부드럽게 말한다.

"당신의 고통과 슬픔이 사라지기를, 당신이 평화롭기를."

이 구절을 반복하면서 연민이 깊어지게 한다. 사랑하는 그 사람이 사랑과 연민이 가득 찬 상냥한 눈빛으로 우리를 바라보는 모습을 마음속으로 그린다. 우리가 겪고 있는 고통과 분투, 상실과 배신, 두려움과 혼란, 깊은 고통과 상처, 이 모든 것을 알게 된 그가 어떻게 느낄지 상상하면서 마음속으로 부드럽게 말한다.

"그대의 고통과 슬픔이 사라지기를, 그대가 평화롭기를."

이제 자신을 위해 마음속으로 이렇게 속삭인다.

"내 고통과 슬픔이 사라지기를, 내가 평화롭기를."

연민의 구절을 계속 속삭이면서 몸과 마음이 안락해지고 평온해지는 것을 느낀다. 내면에서 자기 연민의 정신이 자라나게 한다. 지혜와 연민의 등불을 어떻게 내면으로 가져올 수 있는지 느껴본다.

이제 준비가 되었다면 연민의 마음을 더 멀리 펼친다. 부드럽게 호흡하면서 사랑하는 사람과 친구, 이웃을 마음에 그린다. 그들의 모습을 마음속에 계속 떠올린다. 그들에 대한 애정이 느껴지면 그들이 겪고 있는 어려움과 고생, 슬픔의 깊이를 느낀다. 그들이 모두 잘 되기를 기원한다.

우리와 어려운 관계에 있는 사람, 원수, 그리고 모든 생명체에까지 연민의 마음을 열어 펼친다. 모든 생명체와 맺고 있는 따뜻한 연결성을 느낀다. 모든 존재를 위하여 따뜻한 연민의 기도를 한다. 그들을 위해 연민의 마음을 계속 보낸다.

때로 연민 수행이 어렵게 느껴질 수도 있다. 고통에 완전히 압도당한다고 느낄 수도 있다. 수련을 거듭하면서 편안하고 부드럽게 해야 한다. 천천히 깊게 호흡을 계속한다. 호흡과 가슴이 세상 한가운데서 연민의 중심으로 자연스럽게 자리 잡게 해야 한다. 마음챙김을 유지하면 타고난 연민이 증대된다. 먼저 무엇을 경험하든 부드럽게 받아들여야 한다. 그리고 세상의 고통을 모두 치유하려는 게 아니라 연민의 마음으로 고통과 만나고, 그저 연민의 씨앗을 뿌리는 것임을 잊지 말아야 한다.

이제 마지막으로 순환 고리를 완성하기 위해 자신에게 연민의 마음을 다시 보낸다. 연민의 정신으로 스스로를 감싸며 조용히 연민의 문구를 되풀이한다. 자기 몸, 세포 하나하나에서 스스로를 향한 연민을 느낀다. 우리가 세상과 세상의 고통에 연민의 빛을 보내는 등불임을, 바로 붓다임을 느껴야 한다.

연민 나누기 따라하기

○ 편안한 자리에 앉아 몸과 마음의 긴장을 풀고 호흡한다.
○ 부드럽게 호흡하면서 몸의 느낌에 주의를 기울여 '지금, 이 순간'에 집중한다.
○ 가장 사랑하는 사람을 마음에 떠올린다.
○ 연민의 마음을 불러 일으키고 그 사람의 고통과 마주한다.
  "당신의 고통과 슬픔이 사라지기를, 당신이 평화롭기를."
○ 이 구절을 반복하면서 마음 깊이 연민이 깊어지도록 한다.
○ 자신을 위해 마음 깊이 속삭인다.
  "나의 고통과 슬픔이 사라지기를, 내가 평화롭기를."
○ 계속 속삭이면서 몸과 마음이 편안해짐을 느낀다.
○ 내가 아는 이들 모두가 행복하고 평안해지기를 바라는 마음을 일으킨다.
○ 모든 이들을 위해 연민의 기원을 거듭 보낸다.

용서 명상

인간은 늘 고통 속에 살고 있고, 그로부터 벗어나길 갈망한다. 고통에서 벗어나는 길은 자신과 다른 사람을 용서하고 고통의 원인이 된 사건을 용서하는 것이다. 용서는 치유의 샘물이 되어 우리를 평안에 이르게 한다.

때로는 삶에서 절대로 용서할 수 없다고 여겨지는 사건도 있을 것이다. 그럴 땐 슬픔과 격분, 절망, 고통과 같은 감정을 충분히 경험하는 시간을 갖는 것이 중요하다. 만약 상처받은 진짜 감정을 숨긴다면 영원히 용서하지 못할 것이다. 마음속에 분노와 적개심을 숨기고 있는 한, 우리는 절대로 평화를 찾지 못한다.

용서의 마음은 억지로 일으킬 수 없다. 억지로 일으킨다면 그것은 용서가 아니다. 용서의 말과 이미지가 내면으로부터 자연스럽게 천천히 일어나도록 놓아둘 필요가 있는 것이다. 이렇게 하다 보면 용서가 삶의 자연스러운 부분이 될 수 있다. 원망과 분노라는 불편한 기억을 점차 과거로 흘려보내고 매 순간 현명한 자애의 마음을 열 수 있게 된다. '용서하기'를 연습하는 동안 경험하는 일은 무엇이든 용서와 자비로 다정하게 받아들인다. 그러면 천천히 마음은 깨끗하게 정화된다. 과거에서 벗어나게 되고 상처를 준 사람을 용서하게 되어 결국 삶을 자유롭게 할 수 있다. 이 연습으로 먼저 타인에게 용서를 구한 후 자신을 용서하고, 끝으로 자신에게 상처 준 사람을 용서하게 된다.

우선 편안한 자세로 자리에 앉는다. 긴장을 풀고 부드럽게 눈을 감는다. 잠시 호흡에 주의를 기울이면서 숨을 들이마시고 내쉬면서 이완한다. 내가 다른 사람에게 말로, 행동으로, 생각으로 상처를 준 상황을 떠올린다. 그 사람이 느꼈을 상처, 실망, 배신을 느껴본다. 준비되면 마음속으로 말한다.

"지금 당신에게 용서를 구합니다. 나를 용서해 주세요."

진심을 담아 이 말을 반복한다. 그러고 나서 잠시 침묵한다.

용서의 두 번째 단계는 상처받은 자기 자신을 용서하는

것이다. 자신이 스스로에게 고통과 괴로움을 안겨주었던 일들을 천천히 떠올린다. 그리고 자기 몸과 마음과 정신에 상처를 줌으로써 지금까지 겪은 고통을 고스란히 느껴본다. 자신의 몸에, 가슴에, 마음에 여전히 남아 있는 고통, 슬픔, 수치심을 인정한다. 이제 이러한 짐에서 벗어날 준비가 되면, 자신을 용서하는 말을 마음속으로 속삭인다.

> "내가 나에게 어떻게 상처를 주었는지 이제는 알고 느낍니다. 지금 나는 나를 용서합니다."

이 기꺼운 마음은 용서의 씨앗이 될 것이다.

용서의 세 번째 단계는 나에게 상처를 입힌 사람을 용서하는 것이다. 이 단계에서는 서두르지 않는 것이 중요하다. 자신이 어떻게 상처받았는지 가장 완벽하게 기억나는 구체적인 상황을 자세히 회상한다. 온화하게 수용하는 태도로 몸, 가슴, 마음에서 표현되는 고통을 느낀다. 마음속으로 그의 이름을 속삭이며 용서의 메시지를 보낸다.

> "나는 사람들이 두려움과 고통, 혼란과 분노 때문에 나에게 해를 입힌 여러 가지 방식에 대해 기억합니다.

나는 이 고통을 오랫동안 가슴속에 지닌 채 살았습니다.

그렇지만 내가 할 수 있는 만큼 당신에게 용서의 마음을 전합니다.

나에게 해를 입힌 사람들에게 용서를 전합니다.

당신을 용서합니다."

용서의 메시지를 반복해서 보낸다. 이제 자신과 타인에 대한 생각을 모두 내려놓는 것으로 명상을 마친다. 용서는 증오에 찬 비난을 내려놓는 것을 의미한다. 분노하고 두려워하는 늑대에게 더는 먹이를 주지 않는다는 뜻이다. 인내심을 갖고 꾸준히 연습하면, 온전히 사랑하려는 우리의 의도가 용서의 마음으로 꽃필 것이다.

드디어 시작하는 명상 입문

용서 명상 따라하기

- 편안하게 앉아 눈을 감고 호흡에 주의를 기울이며 긴장을 푼다.
- 내가 남에게 말과 행동과 생각으로 준 상처를 떠올린다.
- 그 사람이 느꼈을 상처와 배신감과 실망을 느껴본다.
- 마음 속 깊이 용서의 말을 떠올린다.
  "지금 당신에게 용서를 구하니, 나를 용서하세요."
- 진심을 담아 거듭 용서를 구한다.
- 스스로가 자신에게 준 상처도 떠올린다.
- 몸과 마음에 남아 있는 스스로의 상처를 인정한다.
  "내가 나에게 준 상처를 알고 느끼며, 지금 나를 용서합니다."
- 스스로를 용서하는 말을 반복한다.
- 남이 내게 준 상처를 떠올린다.
- 내가 받은 상처를 통해 느낀 고통을 받아들인다.
  "나는 사람들이 두려움과 분노로 내게 입힌 해를 기억합니다. 나는 이 고통을 오래도록 가슴속에 지닌 채 살았습니다. 내가 할 수 있는 만큼 당신에게 용서의 마음을 전합니다. 내게 고통을 준 당신을 용서합니다."
- 용서의 메시지를 반복한다.
- 남과 나를 거듭 용서하며 마음에서 일어나는 모든 노여움과 감정을 내려놓는다.

통렌 수행

통렌(Tonglen)은 연민을 내보내고 괴로움을 받아들이는 티베트 불교의 수행법이다. 호흡을 이용하여 모든 고통은 받아들이고 자각 있는 모든 존재에게 연민을 내보내는 것이다. 모든 존재를 대상으로 자비와 자애의 마음을 키우는 데 도움이 되는 특별한 수행이다. 하지만 학대의 공포나 만성적인 우울증 혹은 심각한 정서적 불균형 등으로 고통받고 있다면, 그 감정에 갇히거나 압도되는 느낌을 일으킬 수 있다. 이때는 심리치료사나 믿을 만한 영적 스승의 안내와 지도를 받는 것이 더 좋다.

통렌 수행을 할 때는 일단 몸을 최대한 안전하게 보호할 수 있는 편안한 장소를 찾는다. 몸과 마음의 모든 긴장을 모두 내려놓고 고요히 깨어 있을 수 있는 편안한 자세를 찾는다. 자연스럽게 들고 나는 호흡에 주의를 기울이고 그 숨결을 느껴 본다.

준비를 마친 후, 두려움을 일으키는 상황을 떠올린다. 타인이 지닌 질병의 고통, 상실의 고통과 괴로움, 가난의 박탈감과 고뇌, 정신 질환의 혼란과 괴로움, 번뇌에 좌절해 괴로워하는 모습을 상상한다.

들숨과 함께 타인의 고통을 모두 자신에게로 받아들인다. 숨을 들이쉬면서, 자각 있는 모든 존재의 고통과 아픔이 어둡고 자욱한 빛의 형태로 콧구멍을 통해 흡수되어 심장 속으로 녹아든다고 상상한다. 숨을 들이쉬며 그 고통을 받아들일 때 반대로 상대방의 고통은 줄어든다고 가정하자.

숨을 들이쉴 때마다 모든 세포를 천천히 열어서 그 에너지로 가득 채운다. 두려움에게 다정하게 말을 걸어도 좋다. 한 손을 가슴에 살짝 올려놓음으로써 지금 닥친 두려움을 더 자세히 느낄 수도 있다. 두려움을 향해 친구가 되자고 손짓하듯, 가슴을 더욱 다정하게 어루만진다. 만일 두려움이 너무 강할 때는 두려운 생각과 느낌을 느끼자마자 잠깐 멈춰서 두세 번 심호흡한다. 그리고 눈을 뜨거나 주변 소리에 귀를 기울이는 것도 도움이 될 수 있다.

이제는 숨을 내쉬면서 자신이 경험한 고통을 풀어준다. 숨을 내쉴 때마다 몸을 이완시킬 수 있는지 알아본다. 숨을 내쉬면서 숨결이 주변 공간으로 흘러 들어가는 느낌을 자각한다. 숨을 내쉬면서 자신을 둘러싼 열려 있는 공간으로 두려움을 내보내며 자애를 염원한다. 숨을 내쉬자마자 그 빛은 즉시 모든 존재에게 가 닿고, 숨을 모두 내쉴 무렵이면 그들에게 이미 녹아들었다고 상상한다. 숨을 내쉬면서 평생 얻은 모든 행복과 혜택이 자신에게서 순수한 빛의 형태로 쏟아져 나와, 모든 존재에게 퍼지고 녹아들어 그들의 고통을 없앤다고 상상한다. 숨을 내쉬면서 가장 진실하거나 도움이 될 것 같은 위로와 염원을 보낸다.

계속 호흡하면서 보편적인 괴로움을 받아들이고 드넓은 공간으로 진실한 염원을 담은 숨결을 내보낸다. 이 명상 연습에서 호흡은 튼튼한 버팀목이 될 수 있다. 하지만 가장 중요한 것은 두려움을 받아들인 다음에 더욱 드넓은 자애와 자각의 들판으로 숨을 내보내는 것이다.

들숨과 함께 괴로움을 받아들이고 날숨과 함께 자애를 내보내기를 계속한다. 다정하고 확장된 마음이 세상의 두려움을 전부 품어 안을 수 있음을 감지한다. 이 수행을 계속하면서 모든 존재가 고통에서 벗어나 기쁨과 행복으로 채워진다고 상상한다. 이런 생각이 마음속에 흐를 때 다른 존재가 고통에서 벗어나기를 적극적으로 바라는 자신을 실제로 발견하게 될 것이다.

그 결과 마음은 더욱 밝고 고요해지며 집중되고 깨어 있게 된다. 운동으로 몸을 단련하듯이 수행은 마음의 근육을 단련시킨다. 인생에서 부딪치는 온갖 고난과 고통스러운 경험은 근본적으로 자기와 타자의 관념에 집착하는 탓에 생긴다. 반면 자신을 남과 바꾸는 수행을 하면 이기적인 마음의 한계를 넘을 수 있으므로 자아를 초월하는 경험을 할 수 있다. 습관적인 이기주의의 굴레에서 벗어나 자기 자신보다 더 큰 존재가 됨으로써 수행의 진정한 수혜자는 바로 다름 아닌 자신임을 깨닫게 된다.

○ 몸을 보호할 수 있는 안전한 장소를 찾아 편안한 자세를 유지한다.

○ 몸과 마음의 긴장을 최대한 내려놓는다.

○ 들고 나는 숨결에 마음을 집중한다.

○ 두려움을 느끼는 상황을 떠올린다.

○ 질병과 상실, 박탈과 고뇌, 정신의 혼란과 고통, 번뇌와 좌절을 생생하게 상상한다.

○ 들숨과 함께 타인의 고통을 받아들인다.

○ 모든 존재의 고통이 숨을 통해 들어와 심장에 녹아드는 상상을 한다.

○ 숨을 들이쉴 때마다 모든 세포에 두려움의 감정이 깃드는 것을 떠올린다.

○ 두려움이 너무 강해지면 잠시 멈춰 두세 번 심호흡을 한다.

○ 숨을 내쉬면서 자신이 경험한 괴로움을 풀어준다.

○ 내쉬는 숨과 함께 평생 느꼈던 행복과 기쁨이 빛으로 나아가 고통 받는 존재들에게 닿아 그들의 괴로움을 없애는 상상을 한다.

○ 호흡을 편안하게 유지하며 들숨에 고통을 받아들이고 날숨에는 자애를 내뱉는다.

○ 모든 존재가 기쁨과 행복으로 가득 차는 상태를 상상한다.

잠자기 명상

현대인은 지나친 스트레스, 디지털 기기의 블루라이트, 습관적으로 마시는 커피의 카페인 등으로 인해 신경계가 과도하게 각성한 상태에 빠지기 쉽다. 이 상태에서 밤에 자려고 누우면 잠이 잘 오지 않고 수많은 생각이 앞다투어 떠올라 쉽게 잠을 이루지 못하고 늦은 시간까지 깨어 있는 경우가 많다. 하지만 떠오르는 생각에 저항하지 않고 마음의 밧줄을 조금 느슨하게 풀어서 내면의 긴장을 내려놓을 수 있는 넓은 공간을 마련해 주면 마음은 고요해지고 흥분한 몸도 점차 가라앉는다.

최근 연구에서 명상이 불면증에 효과가 있는 것으로 나타났다. 매사추세츠 의과대학 연구팀의 실험에 의하면 명상을 통해 불면증 환자의 절반 이상이 잠드는 데 걸리는 시간을 크게 줄였고, 수면제를 복용하는 불면증 환자의 대부분이 복용량을 줄이거나 약을 완전히 끊었다. 그리고 6주 동안 마음챙김 명상을 한 피험자들은 잠드는 데까지 걸리는 시간이 평소의 절반으로 줄어서 평균 20분 만에 잠들 수 있었다는 스탠퍼드 메디컬 센터 연구 결과도 나왔다.

이제 잠자기 명상을 시작해 보자. 시간은 20분을 넘기지 않는 것이 좋다. 잠자리에 들기 전에 반드시 화장실을 다녀오고 문단속도 하고 전화기를 꺼두는 등 평소 잠들기 전에 하는 일을 모두 끝낸다. 잠잘 준비가 다 되었다면 등을 대고 이불을 덮고 똑바로 눕는다.

잠시 시간을 갖고 침대가 몸을 떠받치고 있는 느낌, 침대에 파묻히는 느낌을 음미한다. 그리고 코로 들이쉬고 입으로 내쉬면서 심호흡을 서너 차례 한 후, 숨을 내쉬면서 그날 하루의 생각과 감정이 저 멀리 사라지고 몸의 모든 긴장이 녹아 없어지고 있다고 상상한다.

잠자기 명상의 1단계로 몸과 마음이 어떻게 느끼고 있는지 자각한다. 수많은 생각이 떠올라도 그냥 그렇게 떠오르게 두고 저항 없이 천천히 머리끝에서 발끝까지 온몸을 훑는 과정을 서너 번 되풀이한다. 이때 숨을 들이쉬고 내쉴 때의 부풀고 꺼지는 느낌을 자각하기만 하면 된다. 주의가 흐트러지고 마음이 여기저기 헤매고 있음을 깨닫는 순간 곧바로 다시 현재로 돌아온다. 2~3분 정도 흘렀다고 느끼면 그냥 자연스럽게 다음 단계로 넘어가면 된다.

　다음 단계에서는 오늘 하루를 처음부터 끝까지 무심히 돌이켜 본다. 먼저 아침에 눈을 뜬 직후를 떠올린다. '되감기' 버튼을 누른 듯 마음이 그날 겪은 일, 모임, 대화를 재생한다. 자세히 기억할 필요는 없다. 침대에서 몸을 돌려 일어나는 장면, 알람을 끄는 장면, 욕실로 걸어가는 장면, 샤워하는 장면, 아침을 먹는 장면, 명상하는 장면, 직장으로 걸어가는 장면, 동료와 인사하는 장면 등을 떠올린다. 3분 정도 할애해서 하루를 처음부터 끝까지 그저 대충 훑어보는 것이다. 마음이 재생하고 있는 그 장면을 무심히 지켜보면 된다.

　다음 단계에서는 지금, 이 순간으로 다시 돌아와 몸에 초점을 맞춘다. 발끝으로 내려가 왼발 새끼발가락에 주의를 기울이며 밤 내내 신경을 끈다고 상상한다. 새끼발가락에 집중하면서 '힘을 빼자' 또는 '그저 쉬자'라는 말을 속으로 되뇌어도 좋다. 왼쪽 새끼발가락에 이어 발 전체, 발목, 종아리, 허벅지, 엉덩이와 골반까지 차례차례 거슬러 올라간다. 그다음엔 반대편 오른발 새끼발가락부터 시작해서 마찬가지로 차례차례 골반까지 거슬러 올라간다. 계속해서 허리, 가슴까지 올라가고 팔, 손바닥, 손가락으로 차례차례 내려간 후 다시 목구멍, 목, 얼굴, 머리로 올라간다.

잠깐 멈춰서 긴장이 풀리는 느낌, 통제를 포기하는 느낌을 즐기면서 잠들 때까지 마음이 이 생각 저 생각 자유로이 떠돌아도 내버려둔다. 그럼 명상 전보다 수월하게 잠들 것이다.

명상에 깊이 몰입하지 못해 충분한 수면을 이루지 못하는 날이 올 수도 있다. 이런 경험이 계속되면 단지 잠을 못 자서 다음 날 피곤해지는 것에 그치는 것이 아니다. 일단 수면의 질이 떨어지면 아동이나 청소년의 경우 뇌가 제대로 성장하지 못하고 기억이 형성되지 못해 공부한 내용을 떠올릴 수 없을 것이다. 또한 내분비계의 균형이 깨지면 인슐린이 제대로 작동하지 않아 비만의 가능성이 높아지고 스트레스 호르몬 수치가 높아져서 기분이 엉망이 될 수 있다.

전반적으로 면역 체계가 건강하게 작동하지 못하면 각종 질병에 쉽게 노출되고 정신이 명료하지 못해 주의를 집중하여 문제를 해결하는 능력이 현저히 저하된다. 각종 수면 관련 건강 보조제 등이 난무하는 요즘 약 복용 대신 명상을 통해 수면의 질을 한층 높여보는 것이 더 나은 방법이다.

잠자기 명상 따라하기

○ 잠잘 준비를 마치고 편안히 눕는다.

○ 침구가 몸을 받치고 있는 느낌을 받아들이고 숨을 깊이 들이쉬고 내쉰다.

○ 생각과 감정을 녹여서 사라지게 하고 모든 긴장을 풀도록 한다.

○ 숨을 들이쉴 때 가슴과 배가 부풀어 오르는 것을 느끼며 몸 전체를 살핀다.

○ 아침부터 지금까지 하루를 순서대로 떠올리며 무심하게 기억을 지켜본다.

○ 지금, 이 순간으로 돌아와 발끝부터 신경을 집중해 긴장을 풀어간다.

○ 발가락부터 시작하여 발목, 몸 전체로 이완을 계속한다.

○ 긴장이 풀리는 느낌을 받아들이며 잠들 때까지 명상을 계속한다.

3

마음챙김
명상과 뇌

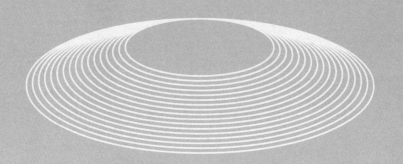

명상과 뇌의 변화

명상을 하면 행복이나 공감, 연민과 같은 긍정적 감정이 점점 더 강화된다. 긍정적 감정과 관련된 뇌 부위도 활성화된다. 이제는 과학 기술의 발전 덕분에 명상할 때 뇌 속의 주요 연결망이 활성화되는 과정을 확인할 수 있게 됐다.

2003년 존 카밧진과 리처드 데이비드슨(Richard Davidson) 교수는 공동으로 명상과 관련한 실험을 진행한 바 있다. 위스콘신의 한 생명공학 회사에서 근무하는 스트레스가 심한 노동자 25명을 대상으로 하루에 1시간씩 일주일에 6시간, 8주 동안 마음챙김 명상을 하게 한 뒤 명상을 전혀 하지 않은 16명의 대조군과 비교했다.

마음챙김 명상을 마친 뒤 모두에게 자신의 인생에서 가장 긍정적인 경험과 가장 부정적인 경험을 서술하게 한 후 이들이 글을 쓰기 전후의 뇌전도(Electroencephalogram: EEG)를 측정

했다. 또한 피실험자들에게 독감 예방주사를 맞게 한 뒤 얼마나 많은 항체가 생성되었는지 알아보기 위해 혈액 검사를 실시했다.

뇌전도 측정에서 마음챙김 명상을 수행한 집단은 긍정적 정서와 관련 있는 좌측 전전두피질 영역이 더 활성화되어 있다는 사실이 드러났다. 좌측 전전두피질은 긍정적 감정과 스트레스의 감소, 면역과 관련된 곳이다. 이런 현상은 심지어 부정적 경험을 서술할 때도 나타났다. 이것으로 이들이 명상을 통해 부정적이고 불쾌한 심리 상태에 잘 적응하는 방법을 터득했다고 해석할 수 있다.

부정적인 기억을 통해 느꼈던 슬픔을 적으로 간주하고 그에 맞서 싸우는 대신, 부드럽게 다가가 살펴보고 보듬어 친절해질 필요가 있는 대상으로 간주한 것이다. 이 8주간의 길지 않은 마음챙김 명상을 통해 직원들이 느끼는 행복감과 활력, 업무 몰입도는 높아지고 불안은 줄어들었다.

혈액 검사에서는 더 놀라운 사실이 발견됐다. 명상을 진행한 집단의 혈액 속 항바이러스 항체 수가 대조군에 비해 훨씬 많이 나타났다. 이들은 독감에 걸려도 증세가 덜했다. 이것은 면역 체계가 더 강화되었음을 의미한다. 흥미롭게도 독감의 항체 수는 명상 수행자들의 좌측 전전두피질 활성화와 상관관계가 있는데, 좌측 전전두피질이 더 활성화되어 있을수록 항체도 더 많이 생성된 것이다.

또 다른 연구에서도 이러한 사실이 뒷받침되고 있다. 하버드대학교 의과대 사라 라자르(Sara Lazar) 박사와 동료들이 매사추세츠 종합병원에서 시행한 실험에서 장시간의 명상은 뇌 바깥층인 대뇌 피질의 두께를 증가시키는 것으로 나타났다. 몇 년간 지속적인 명상을 하면 이러한 긍정적인 변화가 뇌의 물리적 구조까지도 바꿔놓을 수 있다는 사실을 발견한 것이다.

또한 명상하는 동안 전전두피질의 활동이 증가하는 반면 편도체의 활동은 감소하는 것으로 나타났다. 이는 명상이 두려움, 불안과 같은 부정적 정서 경험을 억제해서 나타난 현상이다. 편도체를 포함한 변연계의 활동은 부정적 경험을 관장하는데, 명상을 통해 전전두피질의 억제적 조절 기능이 활성화된 것이다. 고등 피질인 전전두피질에서 부정적인 경험의 중심인 편도체의 과도한 활성을 억제함으로써 불편한 정서는 줄어들고 긍정적 정서의 경험은 증가한다. 이것은 마음챙김 명상을 통해 슬픔보다 행복을, 분노나 공격성보다는 평안을, 피로나 탈진보다는 활력을 느끼며 살 수 있음을 의미한다.

뇌의 좌측 전전두피질이 상대적으로 활성화된 사람들은

더욱 밝은 기질을 지니고 있으며, 스트레스가 많은 상황을 겪은 후에도 훨씬 빨리 회복하는 것으로 나타났다. 좌측 전전두피질이 활성화된 사람들일수록 감정 회복력이 훨씬 뛰어나다는 것이다. 마음챙김 명상은 감정 회복력과 정신적 웰빙을 향상하는 것뿐만 아니라 면역 체계의 강화에도 기여한다. 마음챙김은 감정 회복력을 좋게 함으로써 바이러스와 같은 병원균이 면역 체계를 공격하기 쉽게 만드는 만성 스트레스로부터 사람들을 보호하는 유용한 수행이다.

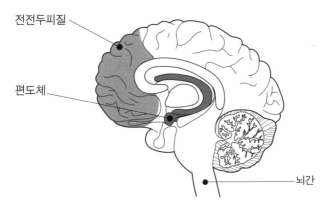

명상과 관련된 뇌의 주요 구조

마음챙김 명상과 뇌 가소성

불교는 우리가 왜 괴로움과 고통에 빠지며 어떻게 하면 벗어날 수 있는지를 가장 잘 말해주고 있다. 괴로움과 고통으로부터 변화를 이끌어 낼 수 있는 핵심 수행이 바로 마음챙김 명상이다.

불교에서는 늘 바르게 생각하고 행동하면서 규칙적으로 꾸준히 마음챙김 명상을 하면 괴로움은 최소화하고 삶의 만족도는 최대한 높일 수 있다고 가르친다. 이런 수행은 뇌를 더 나은 쪽으로 변화시킨다. 이것이 가능한 이유는 우리의 뇌가 선천적으로 가소성(可塑性)을 가지고 있기 때문이다. 우리의 뇌는 구조적으로 변화할 수 있는 충분한 유연성을 가지고 있다. 생활하는 동안 감각 기관을 통해 무언가를 경험하고 그에 대해 반복적으로 반응함으로써 새로운 신경 연결 통로를 만들 수 있다. 오래된 견해에 따르면 뇌는 성인이 되면 경직되고 형태와 기능 면에서 고정되어 굳어진 틀에서 벗어날 수 없다. 하지만 최근 밝혀진 연구 결과에 따르면 뇌는 사용하는 만큼 변화한다.

일례로 택시 기사들은 아주 복잡한 도시의 모든 거리와 위치를 잇는 노선을 기억한다. 운행에 필요한 공간 기억과 관련된 뇌의 해마가 보통 사람보다 더 크게 성장한다는 연구도 있다. 그뿐만 아니라 기타, 골프, 저글링 같은 새로운 기술을 배울 때도 뇌의 변화가 생긴다. 주의를 집중해서 반복적으로 훈련하면 더 쉽게 기술을 습득할 수 있다. 왜냐하면 반복할 때마다 뇌가 더 강하고 새로운 신경망을 만들어내기 때문이다. 살아가는 내내 배우고 성장하며, 뇌 속 신경망을 효과적으로 재구성하는 것이 뇌의 속성이다.

하버드 의과대학 신경과학자들의 실험에서 뇌 가소성과 관련하여 더 놀라운 사실이 밝혀졌다. 실험자들은 실험 참가자들을 둘로 나눠 한 그룹은 일주일 동안 매일 직접 피아노 연습을 하게 했고, 다른 그룹은 마음속으로만 손가락을 움직여 피아노 연습을 상상하게 했다. 일주일 후 진행한 검사에서 실제로 피아노 연습을 한 참가자 그룹은 예상했던 대로 손가락의 움직임을 통제하는 뇌 영역의 운동 피질이 커져 있었다. 그런데 놀라운 점은 마음속으로만 피아노를 연습한 참가자 그룹의 뇌도 마찬가지로 같은 영역의 운동 피질이 증가해 있었다는 점이다. 단지 상상하는 것만으로도 뇌에서 실질적인 변화가 일어났다. 이 연구에서는 외부 환경에 의해서뿐만 아니라 의식의 변화를 포함한 심적 상태의 변화에 의해서도 뇌 구조에 근본적인 변화가 일어날 수 있다는 것을 보여준다.

이러한 연구 결과는 불교 가르침과 맞닿아 있으며 바로 불교의 핵심이기도 하다. 불교는 인간을 끊임없이 변화하는 역동적인 흐름 속에 있는 것으로 본다. 계속 변한다는 것은 변하지 않는 고유한 본질이 없다는 것을 의미한다. 이것이 불교의 가르침, 즉 공(空)에 해당한다. 고유한 본질이 없다는 것은 마음과 자아 모두 변화의 가능성이 풍부하다는 뜻이다. 한편으로 우리는 과거의 산물이라고 볼 수도 있지만, 우리의 본질 자체는 원래 텅 비었으므로 자신을 새롭게 바꿀 수 있는 기회가 항상 존재한다.

불교는 마음이 주의집중과 의지력으로 실질적인 변화를 일으킬 수 있는 독립된 힘을 가지고 있다고 가르쳐 왔다. 단지 생각만으로 뇌 자체의 구조를 바꿀 수 있다는 연구 결과가 이를 뒷받침해 주고 있다. 마음챙김 명상을 통해 의심과 증오심을 일으키는 뇌의 회로를 자비심과 이타심으로 전환하는 것이 가능할 것이다. 하지만 뇌 가소성도 꾸준한 주의집중과 노력

없이는 불가능하다. 현재 주목받고 있는 뇌의 신경 가소성과 마음챙김 명상에 대한 과학적 연구는 수행을 통해 더 친절하고 더 자비로우며, 덜 방어적이고 덜 자기중심적이며 덜 호전적으로 변할 수 있는 가능성을 보여준다.

명상과 뇌의 통합

스마트폰, 이메일, 문자 채팅, 그리고 웹 서핑은 삶의 일부가 되었다. 의식은 이것들을 통해 항상 외부 세계로 향하고 있다. 이렇게 외부 세계의 물리적 대상에만 초점을 맞출 경우 삶의 통합적인 균형을 잃어버릴 수 있다.

　내부와 외부 세계가 통합될 때 강한 정신력이 생긴다. 그리고 다른 사람들과 건강한 인간관계를 맺을 수 있다. 대뇌 피질, 변연계, 뇌간, 몸 전체, 그리고 사회적 세계로부터 서로 다른 정보가 연결될 때 '통합'을 이룰 수 있다. 그리고 통합이 이루어짐으로써 자의식, 내부 성찰, 비전, 올바른 의사 결정, 공감과 함께 도덕심이 생긴다. 우리가 명상하면 삶을 통합으로 이끄는 전전두피질의 섬유 조직을 활성화할 수 있다.

　근육은 운동을 통해 강화된다. 뇌 또한 명상을 통해 주의를 집중하면 관련 부위를 통합하고 성장시킬 수 있다. 이렇게 주의를 집중하다 보면 해당 부위에서 신경 점화가 일어난다. 뇌의 서로 다른 부위를 이어주는 연결 회로가 강화되고, 이 신경 회로들이 통합으로 나아가게 된다. 명상의 주의집중은 뇌의 특정 회로를 활성화하고 강화하는 방법이다. 결과적으로 개개인의 삶에 더 나은 힘을 부여한다.

내면의 바다를 찬찬히 바라볼 수 있는 렌즈를 갖추는 것으로 명상을 생각할 수도 있다. 내면세계에서 일렁이는 파도에 대한 심도 있는 관찰이 가능하게 되면, 감각의 흐름을 있는 그대로 받아들일 수 있고 또렷한 정신 집중력을 갖추게 된다. 그리고 내면을 바라보고 알아차리는 데 자유로워지면 자신의 의도에 따라 필요할 경우 내면 활동을 의식화하여 수정할 수도 있다. 명상을 통해 현재 순간에 집중하면 감정, 주의, 사고, 행동을 조절하는 능력을 담당하는 뇌의 뉴런과 시냅스가 성장한다. 그를 통해 개인의 안녕뿐만 아니라 타인과의 관계가 더욱 자애롭게 향상된다.

그러면 이제 명상을 연습해 보자. 먼저, 코를 통해 숨이 들어오고 나가는 미묘한 호흡의 감각에 집중해 보자. 호흡에 집중하다 생각이 산만해지면 주의가 잠시 분산되었음을 솔직히 인정한다. 자애롭고 부드럽게 주의를 다시 호흡으로 되돌리면 된다. 또는 호흡이 아닌 다른 곳으로 주의가 쏠릴 때 집중을 방해하는 대상에게 이름을 붙이는 것도 도움이 된다. 예를 들어 해변에서의 기억이 떠올라 산란해진다면, 마음속으로 조용히 '기억, 기억, 기억'이라고 말한다. 거듭하면 어느새 그 장면이 주의에서 사라진다.

　내면의 감각에 정신을 집중하는 명상은 많은 사람들에게 낯선 경험일 수 있다. 하지만 현재의 순간에 집중하는 연습을 반복할수록 단순히 주의력뿐만 아니라 감정과 공감을 담당하는 뇌의 중요 부위들이 활성화된다. 뇌의 건강과 온전한 정신의 회복 및 안녕을 위해서 충분히 도전해 볼 만한 가치가 있다. 이를 방증하듯 최근의 많은 연구에서 명상을 통해 면역 체계가 강화된다는 사실이 밝혀졌다. 그뿐만 아니라 염색체 말단에서 세포의 수명을 결정짓는 시계 역할을 담당하는 텔로미어(Telomere) 수치도 증가하는 결과가 있었다.

　명상을 통해 현재의 순간에 더욱 집중할수록 텔로머레이즈(Telomerase)라는 효소 수치가 증가하는데, 이 효소는 염색체의 끝에 붙어 있는 텔로미어를 유지하고 복원함으로써 염색체를 보존한다. 통상적으로 일상적인 스트레스와 노화 과정을 겪으면 염색체 끝의 텔로미어도 서서히 닳아 없어진다. 그렇기에 점차 짧아지고 소멸하여 가는 텔로미어를 유지, 복원하는 것이 건강과 장수의 비결이라고 할 수 있다. 이렇듯 명상이

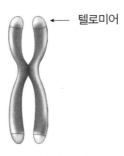

텔로미어

염색체 끝에 위치한 텔로미어

몸의 직접적인 세포 변화를 야기하고 뇌의 신경 회로를 재조직화시킴으로써 장수하는 데까지 영향을 미치는 것을 최신 의학이 밝혀낸 것은 현대 사회에서 명상의 중요성이 강조될 수밖에 없음을 보여준다.

명상과 디폴트 모드 네트워크

2001년 세인트루이스 워싱턴 대학교의 신경과학자 데브라 거스나드(Debra Gusnard)와 마커스 라이클(Marcus Raichle)은 두뇌 영역 가운데 완전히 별개의 아주 흥미로운 신경망인 디폴트 모드 네트워크(DMN, Default Mode Network)를 발견했다.

이 회로는 뇌의 가운데, 앞과 뒤를 지나는 상호 연결된 중간선 영역에 위치한다. 사람들이 특정한 일에 몰두하지 않고, 아무 일도 하지 않을 때 오히려 활성화되는 부분이다.

한마디로 마음이 쉬고 있을 때 작동하는 네트워크라고 할 수 있다. 여기서 중요한 점은 '잘 통합된 디폴트 모드 네트워크'는 평소에 여러 과제를 처리하기에 급급해 서로 연결되지 못하는 두뇌 부위들을 연결해 줄 수 있다는 사실이다. 바쁘고 정신없이 일할 때보다 어떤 일도 하지 않고 멍하게 있을 때 두뇌 속에서는 특정 정보가 디폴트 모드 네트워크 사이를 흘러

다니기 시작한다.

두뇌는 무의식중에 여러 개념을 연결하고 있으며, 이렇게 연결된 생각들이 의식의 수면 위로 떠오른다. 이때 통찰과 진정한 창의성이 발휘될 수 있다. 우리가 멍하게 있는 동안 무심코 생각이 닿는 곳에서 뜻밖의 통찰을 얻는 것이다. 이뿐만 아니라 이때의 두뇌는 불필요한 정보를 삭제하고 이전에 입력된 정보를 정리하기도 한다. 만약 불필요한 정보를 정리하지 않으면, 우리는 정보 저장 공간이 줄어 기억하기 어려워질 수도 있다.

조현병을 앓는 사람들은 대부분 디폴트 모드 네트워크가 비정상적으로 기능하고 있다. 과잉 반응과 초연결 상태에 있어 현실과 환상을 구분하지 못하는 문제를 겪는 것이다. 반대로 알츠하이머 환자에게서 나타나는 것과 같이 이 부위의 활동이 현저하게 저하되어 있거나, 과도하게 분리되어 다른 영역들과 잘 연결되지 않으면 불안, 타인에 대한 과도한 반응, 걱정이나 우울과 연결된 집착 등을 만들어낼 수 있는 것으로 알려져 있다.

반면에 잘 통합된 디폴트 모드 네트워크는 공감과 연민을 가동하게 한다. 유연한 형태의 자기 인식을 유지하면서, 사회적 뇌의 힘을 껴안아 단독적 자아 집착에서 벗어나게 해 준다.

디폴트 모드 네트워크의 과잉 활동과 과소 활동이라는 양극단 사이에는 행복과 신체 건강과 창의성을 증진하는 최적의 균형 상태가 존재한다. 이 최적의 균형을 찾는 것이 관건이다.

연구에 의하면 집중된 주의력, 열린 알아차림, 친절한 의도의 세 기둥으로 이루어진 명상 수행이 뇌 차원의 통합을 돕고, 기본값으로서의 디폴트 모드 성향을 바꾸는 데 긍정적 역할을 하는 것으로 나타나고 있다. 이뿐만 아니라 명상 수행은 뇌간에서부터 변연계와 대뇌피질까지 수직적으로 위치한 보상 체계의 강도를 약하게 하며, 이러한 보상 체계의 변화는 우리의 행동을 지배하는 갈망을 약화한다. 이렇게 명상 수행이 우리를 건강하고 행복한 삶으로 이끌어 줄 수 있다.

명상 수행을 통해 보상 회로의 도파민 분비 강도가 줄어들면, 매달림이 자연히 줄어듦에 따라 더 열린 마음과 웰빙의 편안함이 뒤따른다. 결핍과 매달림이 아닌, 온전함과 완전함의 느낌으로 세상을 살아가게 되는 것이다. 우리는 점차 결핍된 것을 갈구하는 것이 아니라 가진 것에 감사하기 시작하고 세상과 건전한 관계를 맺으며 행복하게 살 수 있게 될 것이다.

명상과 뇌파

뇌의 활동은 기본적으로는 전기적 활동이다. 뇌에 자극이 오면 뇌 속에 있는 신경 세포들은 전기적 펄스를 낸다. 이러한 펄스를 모으면 특정한 형태를 띠게 되는데 이것을 기록한 것이 뇌파다. 뇌파는 수백만 개의 뇌세포가 보여주는 활동이 합쳐진 파형으로 총 다섯 가지 유형이 있다. 델타(δ), 세타(θ), 알파(α), 베타(β), 감마(γ) 순으로 주파수가 높아진다. 과학자들은 이러한 뇌파의 변화를 통해 마음의 변화를 유추할 수 있다고 본다.

세타파가 우세할 때 사람들은 깊은 통찰을 경험하기도 하고 창의적인 생각이나 문제 해결 능력이 솟아나기도 한다. 명상할 때 주로 이 세타파가 나타난다. 세타파는 유쾌하고 이완된 기분과 극단적인 각성과도 관련이 있고, 동시에 어떤 일을 수행하겠다는 의도성과도 관련이 있다.

어려운 문제에 시달리고 있다가 깊은 통찰이나 직관적 깨달음으로 과거로부터 지속돼 오던 정신적 또는 정서적 타성이 깨지면서 갑자기 해결책이 발견되는 순간 나타나는 현상이 있다. 이를 하버드 의과대학의 허버트 벤슨(Herbert Benson) 교수는 '브레이크아웃(Breakout)'이라 칭한다. 이런 현상은 일산화질소(NO, Nitric Oxide)라는 특정한 기체성 화학물질이 뇌 속에서 발생하는 것과 밀접한 관련이 있다고 알려져 있다. 그리고 세타파는 뇌 속에서 일산화질소가 발생하는 데 영향을 준다.

명상은 세타파를 발생시켜 인지 기능을 높여주는 것 외에도 신체적 실행 능력을 탁월하게 발휘할 수 있도록 해준다. 운동 경기에서 대기록을 세운 선수들은 경기 도중 명상과 비슷한 무념무상의 상태, 즉 고통, 피로감, 실패에 대한 두려움 등 온갖 생각이 사라지는 경험을 하기도 한다.

한편 또 주목할 만한 것은 오랜 기간 '대상 없는 자비 명상', 즉 공과 자비를 결합한 명상을 한 티베트 스님들의 뇌를 관찰한 최근 연구 결과이다. 뇌의 여러 부분에 흩어져 있는 단편적인 정보를 서로 통합해 인지하도록 한다고 알려진 감마파가 감지되었으며, 이들의 좌측 전전두피질이 일반인보다 더 활성화된 것이 확인되었다.

미국 위스콘신 대학교 리처드 데이비드슨 교수와 연구진은 1만 시간에서 5만 시간 동안 '대상 없는 자비 명상'을 한 티베트 스님들과 이제 막 일주일 수행한 초보자를 비교하는 연구를 진행했다. 두 집단은 머리에 뇌파 측정 전극이 달린 기구를 쓰고 명상하기 시작했다. 티베트 스님들의 뇌 전체에서 초보 명상 집단보다 30배나 더 높은 강력한 감마파가 생성됐다. 또한 행복감과 연관된 뇌 영역인 좌측 전전두엽 피질의 신경이 활성화된 것으로 나타났다. 초당 30~50㎐ 정도의 매우 빠른 주파수를 보이는 감마파는 높은 수준의 인지 활동과 정서 처리를 반영하는 뇌파이다. 따라서 자비 명상을 하는 동안 인지 및 정서 활동이 매우 활발해진다는 것을 시사한다.

호흡 등의 대상에 집중하는 더 평범한 명상 상태에서는 15Hz 이하의 느린 전기 리듬이 발생했지만, '대상 없는 자비 명상'을 할 때 25Hz보다 더 빠르고 강한 진동을 나타내는 감마파가 나타난 것이다. 학자들은 이 정도로 강하고 증폭된 진동은 이전에 어떤 건강한 사람의 뇌에서도 본 적이 없다고 보고했다.

이러한 감마파가 최근 깊은 마음 집중이나 자비심을 일으키는 명상과 관련하여 많은 주목을 받고 있다. 불교적 관점에서는 자비 명상을 하게 되면 실상에 대한 통찰력이 커진다. 이러한 통찰력은 나와 남, 주체와 객체를 구분하려는 마음의 오랜 습관적인 성향을 바꾸고, 의식의 분석적, 직관적 측면을 통합해 이루 말할 수 없이 즐거운 경험을 하는 동시에 대단한 자유로움을 느낄 수 있게 한다.

일주일간 명상을 했던 대조군에 비해 오랜 시간 수행해 온 티베트 스님들의 경우, 명상할 때는 물론이고 명상하지 않고 휴식을 취하는 동안에도 강한 감마파가 지속해서 나타났다. 이는 오랜 기간 해온 수행으로 인해 그들의 뇌가 작동하는 방식에 영구적인 변화가 일어났음을 시사한다. 리처드 데이비드슨 박사의 또 다른 연구에서도 감마파가 많이 발생하는 수행자는 예외 없이 좌측 전전두피질의 활동이 우측 전전두피질에 비해 우세한 것이 확인되었다. 뇌의 좌측 전전두피질은 긍정적 감정과 스트레스의 감소, 면역 체계의 개선을 일으키는 곳이다. 이처럼 오랜 명상 수행이 행복한 마음의 세계로 인도하는 것이다.

마음챙김과 회복탄력성

흔히 '회복탄력성'이라고도 부르는 탄력성(Resilience)은 스트레스나 심한 역경을 맞이했을 때 자신의 내·외적 자원을 효과적으로 활용하여 역경을 성숙한 경험으로 바꾸는 능력을 말한다. 마치 잡아 늘여도 원래대로 되돌아가는 고무 밴드나 강풍이 불면 휘어지기는 해도 부러지지 않는 튼튼한 나무처럼 말이다. 인생의 역경과 도전에 맞설 때 마음의 원천에서 필요한 자원을 끌어올 수 있는 내적 능력이라고 할 수 있다. 한마디로 변화하는 환경에 적응하고 그 환경을 자신에게 유리한 방향으로 이용하는 인간의 총체적 능력을 가리킨다.

탄력성은 어느 정도 유전적인 요인에 의해 결정되기도 하지만, 매우 역동적이어서 시간의 흐름에 따라 변하기도 한다. 환경 요인과 문화, 교육, 개인의 노력 등 다양한 요인에 의해 결정된다. 그런데 누구나 다 탄력성을 충분히 발휘할 수 있는 것은 아니다.

　역경을 만났을 때 마치 고무공처럼 강하게 되튀어 오르는 사람이 있는가 하면 유리공처럼 바닥에 떨어지는 즉시 산산조각으로 부서져 버리는 사람도 있다. 사람마다 타고난 체력에 차이가 있는 것처럼 탄력성의 크기 또한 천차만별이다. 하지만 체계적인 운동과 훈련을 통해 체력을 키울 수 있는 것과 마찬가지로, 탄력성도 체계적인 노력과 훈련을 통해 키워나갈 수 있다. 몸이 큰 힘을 발휘하려면 강한 근육이 필요한 것처럼, 마음이 강한 힘을 발휘하기 위해서는 튼튼한 마음의 근육이 필요하다.

　그 때문에 종종 탄력성을 마음의 근력에 비유하기도 한다. 이러한 마음의 튼튼한 근력은 마음챙김을 통한 주의 집중을 반복하는 과정에서 강화된다. 그리고 이러한 것이 물리적으로 가능한 것은 뇌가 충분한 변화의 가능성을 지니고 있기 때문이다. 아무리 나이가 들어도 반복적인 훈련을 통해 뇌는 변할 수 있다. 인간의 뇌는 딱딱한 쇠로 만들어진 기계가 아니다. 마치 말랑말랑한 찰흙이나 쉽게 구부러지는 플라스틱처럼 얼마든지 변형이 가능하다.

　노력을 거듭하면 뇌에 새로운 신경 세포가 생긴다. 더 중요하게는 시냅스들 사이에 새로운 연결이 생겨난다. 환경과

생활 방식 그리고 어떤 심적 활동을 할지를 스스로 선택함으로써 마음과 뇌를 자발적으로 변화시킬 수 있는 것이다.

신경학자들이 알아낸 바에 의하면, 특히 마음챙김 명상의 주의 집중하는 법을 습득하면 뇌의 각 부분을 활성화할 수 있다고 한다. 마음챙김은 이 순간 현재 일어나는 현상을 선입견으로 판단하지 않고, 일어나는 생각이나 감정 감각 등을 그대로 알아차리고, 있는 그대로 수용하는 의식적 노력이다. 마음챙김 명상을 하면 할수록 더 쉽게 주의를 현재 순간으로 되돌릴 수 있다. 이는 과거나 미래에 집착하지 않고 현재에 머물며, 지금 일어나고 있는 모든 일을 직접적으로 경험하는 것이다. 이는 뇌와 마음이 활기를 되찾게 하는 가장 효과적인 방식이다. 이렇듯 노력하면 얼마든지 스스로 변할 수 있는 것이다.

뇌과학 연구에 따르면, 부정적 감정과 긍정적 감정이 처리되는 부분은 사람마다 서로 다르다고 한다. 또한 분비되는 신경 전달 물질도 다른 것으로 알려져 있다. 그렇기 때문에 똑같은 사건이나 사물에 대해서도 긍정적인 사람과 부정적인 사람의 뇌는 전혀 다른 방식으로 작동한다. 긍정적인 사람은 긍정적 정서가 깊이 각인된 뇌를 사용한다. 이들은 그야말로 실패를 성공의 원동력으로, 오늘의 아픔을 내일의 기쁨의 원천으로 삼는 셈이다. 오늘부터라도 마음챙김으로 일상생활 속에

서 더 깨어 있고 더 긍정적으로 변하기 위한 노력을 하며 살아
간다면 한 달만 지나도 놀랍도록 긍정성이 향상되는 것을 느
낄 수 있을 것이며, 보다 높고 강한 탄력성을 향해 한 발 한 발
다가가게 될 것이다.

4

마음챙김
명상과 건강

명상과 건강

심장병 전문의 존 자마라(John Zamarra) 박사팀은 관상 동맥 질환이 있는 환자들을 대상으로 명상이 심혈관 상태에 어떤 영향을 미치는지에 대한 연구를 진행했다. 놀랍게도 8개월간 명상을 해온 환자들은 러닝머신 테스트를 할 때 흉통을 느끼기 시작하는 시점이 명상을 하지 않은 환자들에 비해 12%나 더 높은 강도에서 시작됐다. 더 흥미로운 점은 같은 테스트를 하는 동안 심장이 받는 스트레스를 암시하는 심전도 변화가 시작되는 시간이 명상 그룹은 대조군에 비해 18%나 지연됐다는 것이다. 명상과 심혈관 건강에 관한 또 다른 연구에서는 동맥벽의 두께 변화도 발견됐다. 명상이 좁아진 동맥을 정상으로 되돌리는 데 긍정적으로 작용한 것이다. 이는 허혈 심장 질환을 가진 환자들에게는 생명을 구하는 일이나 다름없다.

우울증 관련 연구로 저명한 미국의 정신병리학자인 찰스

네메로프(Charles Nemeroff) 교수팀의 연구에 의하면 어렸을 때 신체적, 성적 학대를 경험한 여성은 그렇지 않은 여성에 비해 가벼운 스트레스 상황에도 더 많은 스트레스 호르몬을 분비하는 것으로 나타났다. 과거의 힘든 경험이 스트레스를 다루는 경로를 비정상적으로 변형시킨 것이다. 어릴 때는 뇌의 스트레스 조절 경로가 다소 비정상적이어도 신체적으로는 정상일 수 있다. 하지만 스트레스가 수십 년 축적되어 중년에 이른 사람의 몸은 그렇지 못하다. 어린 시절에 겪은 학대 등 심각한 스트레스는 인생에 아주 긴 그림자를 남긴다.

매일 조금씩 받는 스트레스 요인은 기계의 기어에 쌓이는 모래 알갱이로 비유할 수 있다. 처음에는 별 영향을 주지 않지만 방치하면 기어에 큰 영향을 주어 결국 기계를 멈춰 세우게 된다. 마찬가지로 축적된 스트레스는 우리 생활에 큰 지장을 준다. 그런데, 연구에 의하면 스트레스 유발 요인과 반응에 대한 마음챙김이 스트레스 반응으로 생기는 해로운 영향을 줄이거나 완화할 수 있는 것으로 나타났다.

유방암과 전립선암 환자들을 대상으로 한 또 다른 연구에서는 명상이 스트레스 증상의 감소, 통증의 완화, 뇌의 회백질 밀도 증가, 시상하부-뇌하수체-부신 축(HPA축)의 기능 향상과 관련된다는 사실을 발견했다. 그 밖의 다른 연구들에서도 명상이 코르티솔 수치를 낮출 뿐 아니라 건강한 수면을 유도하고, 면역 기능을 개선하며, 인지 기능을 향상해 치매를 겪고 있는 노인들의 삶의 질을 향상하는 것으로 드러났다. 토론토 대학교의 연구에서는 명상이 현재 순간을 경험하는 것과 관련된 뇌 영역의 신경 활동을 증가시킨다는 사실이 밝혀졌다.

　뇌의 자기 재조직화 역량에 관한 신경가소성 연구에 따르면, 명상을 통해 뇌의 특정 부분에서 일어나는 기능을 질적으로 바꿀 수 있다. 우리 뇌는 자신의 기능을 스스로 바꿀 수 있는 놀라운 능력을 가지고 있다. 그리고 생각을 현실로 받아들이기보다 생각 자체로 알아차리는 연습을 통해 생각에 휘둘리지 않고 어느 정도 거리를 둘 수 있게 됨으로써 스트레스에 쉽게 압도되지 않는다. 명상이 염증을 감소시키고, 집중력도 높이고, 심지어 다른 사람들과의 관계도 더 좋게 만든다는 것은 더 이상 놀라운 사실이 아니다. 그리고 이제 명상은 개개인의 건강 개선뿐만 아니라 삶의 다양한 방면으로 질적인 향상을 도모하고 있다.

　명상을 하면 우리 자신을 비난하지 않고 친절하게 대하게 된다. 현재로 부드럽게 돌아갈 수 있고, 늘 깨어 있는 삶을 영위하게 된다. 결과적으로 생각의 자동 반응에 무심코 휩싸이는 대신 조기 경고 신호를 기민하게 알아차려 자신이 가진 치유의 잠재력에 접근할 수 있게 된다.

더불어 명상은 자신의 가치관과 도덕성에서 벗어나지 않도록 붙잡아 주는 일종의 든든한 내적 중심축을 형성해 준다. 수천 년 전 수행자들로부터 시작된 명상이 이제는 심장병 전문의부터 암 연구자들까지 의학의 다양한 분야에서 임상 치료에 적극적으로 활용되고 있을 뿐 아니라, 각종 산업의 현장 등 삶의 다양한 분야에서 그 효과를 빛내고 있다. 이처럼 명상은 단순히 질병 증상을 줄이는 것 이상의 가치가 있으며, 새로운 삶의 방식을 유도해 가고 있다.

명상과 텔로미어

1968년 하버드 의과대학의 허버트 벤슨(Herbert Benson) 교수는 초월명상과 혈압 조절에 관한 연구를 시작했다. 이 연구는 서구에서 시작된 명상에 대한 체계적이고 과학적인 연구의 출발점이다. 그 결과는 1975년 『이완반응(The Relaxation Response)』이란 책으로 출판됐다. 이 책은 미국 내에서만도 400만 부가 팔리는 베스트셀러가 된다.

1979년 존 카밧진 교수는 요가와 명상 수련을 바탕으로 말기 만성 질환자를 돕기 위한 스트레스 감소 및 이완 프로그램을 개발했다. 이 프로그램은 1990년 『마음챙김 명상과 자기 치유(Full Catastrophe Living)』란 책으로 세상에 알려졌다. 이는 '마음챙김 기반 스트레스 감소' 프로그램이 일반인에게 친근하게 와닿는 계기가 됐다.

이러한 노력들은 서구 사회가 명상을 의학적 임상 과정에

본격적으로 활용하는 계기가 됐다. 최근에는 더 나아가 명상이 노화나 수명과 밀접한 관련이 있다는 사실이 밝혀지는 데까지 이르렀다.

2007년 캘리포니아 주립대학교 부설 마음·뇌 연구 센터의 토냐 제이콥스(Tonya Jacobs) 연구팀은 콜로라도에 위치한 샴발라 마운틴 센터(Shambala Mountain Center)에서 아주 특별한 실험을 했다. 이 연구팀은 실험 참가자 60명을 임의로 30명씩 두 그룹으로 나눈 후, 그중 한 그룹은 샴발라 마운틴 센터에 머물며 3개월간 하루 최대 6시간까지 매일 명상을 하게 했다. 통제 집단 역할을 할 나머지 대조군 30명은 사회로 돌아가 평소와 다름없이 생활했다.

3개월 후 연구팀은 명상 실습에 직접 참여한 실험군과 통제 역할을 한 대조군의 혈액을 채취해 두 집단의 면역 세포에서 텔로머레이즈 효소가 얼마나 활성화되었는지를 조사했다. 그 결과 3개월간 명상에 참여한 실험군의 텔로머레이즈가 대조군보다 훨씬 활성화되어 있는 것이 확인됐다. 연구팀에서는 명상이 이완 반응을 일으키고, 이것이 텔로머레이즈 활동을 증가시켜 세포의 노화를 늦출 수 있는 전조라고 보고 후속 연구를 진행했다.

이를 바탕으로 명상이 스트레스 지수를 낮춰 텔로머레이즈의 활성을 높여주고 이 결과 세포의 노화를 늦춘다는 결론을 내릴 수 있었다. 명상을 통한 텔로머레이즈 활성이 소모되는 텔로미어를 복원하고 유지하는 데 도움을 줌으로써 노화를 늦출 수 있다는 것이다.

염색체의 말단에 구두끈이 풀리지 말라고 플라스틱 집게로 집어 놓은 것처럼 생긴 부분이 텔로미어다. 텔로미어는 체세포가 분열할 때마다 점점 짧아지는데, 길이가 짧을수록 그 세포는 노화한 것이다. 이 부분이 모두 사라지면 세포는 더 이상 분열하지 못하고 사멸한다.

오늘날 과학계는 텔로미어가 세포 내의 생사 균형을 유지하는 열쇠를 쥐고 있다고 본다. 명상 훈련을 실시하면 텔로머레이즈가 훨씬 더 많아지며, 이것이 텔로미어를 복원 및 유지함으로써 세포의 노화를 억제하는 효소라는 점에서 명상 수련이 면역계 세포의 노화를 억제하고 면역 체계를 강화할 수 있다는 것을 보여준다.

평균적으로 텔로미어의 길이가 짧은 사람은 예정 수명보다 오래 살지 못하는 경향이 있다. 스트레스가 심하면 텔로미어의 길이가 더 짧아지고 결국 노화가 촉진된다. 명상을 통한 이완반응이 텔로머레이즈 활동을 증폭시켜 텔로미어가 짧아지는 시간을 늦춰 노화를 막아주는 역할을 한다. 명상은 뇌와 마음, 그리고 몸이 활기를 되찾게 하는 가장 효과적인 방법이다.

명상과 스트레스

인류가 진화하는 동안 생존에 있어 가장 중요했던 것은 생명이 위협받는 절체절명의 위기 상황에 효율적으로 대처하고 반응하는 일이었다. 기분 좋고 배부르게 먹고, 편안하게 쉬는 것등 즐거움에 대처하는 것보다는 사자나 호랑이와 같은 맹수의 습격에서 도피하거나 공격하는 것 등의 위기 상황에 대처하는 것이 생존에 절대적으로 중요한 반응이었다.

생존에 위협을 느꼈을 때 자동으로 일어나는 위기 반응이 바로 '투쟁-도피(Fight or Flight)' 반응이다. 스트레스를 받으면 몸은 비상사태가 되면서 팽팽한 긴장 상태인 '투쟁-도피' 반응을 시작하게 된다. 원시시대와 같이 생존을 위해 투쟁하던 먼 과거에는 이런 반응이 큰 도움이 됐다. 하지만 현대인들은 과거처럼 호랑이나 사자 등 생명을 위협하는 동물들을 마주칠 일이 없다. 과거만큼의 '투쟁-도피' 반응이 필요하지 않음에도, 신체는 언제 어디서나 경계심을 늦출 수 없는 초긴장 상태를 유지한다. 그 결과 극심한 스트레스 속에서 하루하루를 살아가게 된다.

스트레스에 직면하면 교감 신경계와 시상하부-뇌하수체-부신 축(HPA Axis)이 작동해 반응이 불길처럼 온몸으로 퍼져나간다. 동시에 부정적 감정과 불안한 생각이 결합되면서 혈액 속 호르몬의 균형이 깨지고, 장기적으로는 면역계와 심장에 영향을 끼친다. 이런 반응을 오래 내버려두거나 거듭해서 일어나도록 허용하면, 온몸의 조직이 손상되어 온갖 종류의 육체적인 질병이 발생할 수 있다.

스트레스는 몸속에 저장되고 내면화되어 각종 심각한 질병을 초래한다. 적당한 양의 스트레스는 나쁜 영향을 주지 않을뿐더러 때때로 이로울 수도 있다. 대부분의 사람은 적절한 스트레스를 일상적으로 다스릴 수 있다. 오히려 단기 스트레스는 천연 진통제를 분비하기도 한다.

하지만 오래 지속되는 스트레스는 만성 통증을 유발하고, 면역 체계를 약화한다. 뇌에서 기억을 담당하는 세포를 망가뜨리고, 허리에 지방을 축적시켜 심장 질환, 암, 기타 질병을 유발하는 위험한 요인이 된다. 또한 만성 스트레스는 통증에 대한 뇌의 정상적인 반응을 중단시킬 수도 있다. 이렇게 심각한 스트레스는 완화할 방법을 찾지 못하면 결과적으로 지속적인 긴장, 심혈관계 질환, 혈압 상승, 내적 불안, 기분 저하, 우울증을 포함한 만성질환 등 건강에 상당히 부정적인 결과를 초래한다.

스트레스는 개인이 그것을 어떻게 다루느냐에 따라 그 영향이 상당히 달라진다. 스트레스에 반응하는 방식에 따라 스트레스가 더 악화될 수도 있고 약화될 수도 있다. 잠재적인 스트레스 유발 요인에 직면했을 때 알아차림과 판단하지 않는 관찰을 통해 내 몸이 적절한 균형을 유지할 수 있도록 수시로 심호흡하면 도움이 된다. 그러면 신체적 반응을 면밀히 관찰할 수 있게 되고, 생각과 감정을 더 잘 알아차릴 수 있게 된다. 생각의 내용에 빠져들지 않고 '정신적 사건'으로 한걸음 떨어져 관찰하는 법을 배울 수 있다. 이를 통해 스트레스 요인과 스트레스 반응 사이에 정신적인 공간을 만들 수 있게 된다. 외부 자극과 스트레스에 대한 즉각적인 자동 반응에서 벗어나 의식적이고 현명한 선택을 할 수 있게 된다.

정기적인 마음챙김 명상을 통해 스트레스를 적절하게 통제해 가는 삶의 기술을 배우면 마음을 잘 다스릴 수 있다. 마음챙김은 단순히 문제를 해결하는 기술 그 이상이다. 일상생활에서 우리 자신을 대하는 태도를 근본적으로 바꿀 수 있다. 그 결과 자신의 감정과 신체적 감각에 대한 깊은 이해와 더불어 지속적이고 긍정적인 인생관을 키움으로써 사회적 현상에 더욱 폭넓은 인식을 갖게 된다. 마음챙김 명상을 통해 세상을 새롭고 만족스럽게 바라보고 포용하여 스트레스 없는 삶을 살아가 보는 것이 필요하다.

마음챙김과 통증

통증은 부상, 진행 중인 질병, 혹은 신경계 자체의 변화로부터 두뇌로 전달되는 가공되지 않은 날것 그대로의 정보이다. 통증을 통해 우리는 겹겹이 쌓인 육체적 반응과 정서적인 동요가 합쳐진 상태를 느낀다. 이것이 통증에 대해 1차적으로 느끼는 마음의 반응이다.

전통적 개념에서는 신체 손상을 알리는 신호가 뇌로 전달되면 뇌는 그것을 수동적으로 인식할 뿐이라 생각해 왔다. 그런데 의식적으로 느끼기 전에 뇌는 몸에 전달되는 정보뿐만 아니라 마음에서 전달되는 정보도 함께 결합한다. 즉, 마음을 통해 흘러가는 생각과 감정들은 괴로움의 강도에 극적인 영향을 미친다.

미국의 명상 지도자 신젠 영(Shinzen Young)은 괴로움에 관한 공식을 만들었다.

$$괴로움(Suffering) = 통증(Pain) \times 저항(Resistance)$$

즉 괴로움의 크기는 고통과 어떤 관계를 맺느냐에 따라 결정된다는 것이다. 우리가 통증(P)에 저항(R)할 때 괴로움(S)이 발생한다. 아무리 큰 숫자라도 0을 곱하면 결과는 0이 되듯이, 저항이 사라지면 괴로움 역시 사라진다. 만약 통증을 있는 그대로 자유롭게 있도록 허용하면 결국 저절로 사라지게 될 것이다. 하지만 신체적 통증을 바꾸려 하고, 그것에 맞서 싸우고 저항한다면 괴로움은 더욱 심해진다.

손가락이 베이면 상처 부위를 깨끗이 소독한 다음 붕대를 감아 치료한다. 이것이 바로 타고난 자기연민이다. 상처와 싸우거나 부정하지 않는다. 그런데 정서가 위험에 처하거나 불쾌한 감정과 맞닥뜨리면 우리는 그것이 마치 외부의 적이라도 되는 양 본능적으로 맞서 싸운다. 하지만 이렇게 내면의 다툼을 일으키는 것은 사태를 더 악화시킬 뿐이다.

먼 과거에 천적으로부터 살아남기에는 효과적인 대처법이었을지 모르지만, 현대의 일상적인 정서 생활에서는 아무 쓸모가 없다. 불안과 맞붙어 싸우다간 공황 상태에 빠질 수 있고, 슬픔을 억누르면 만성 우울증에 걸릴지도 모른다. 잠들려 애쓰다 밤을 꼬박 새울 수도 있다. 과장되게 표현하면 통증에 저항하는 것은 현실이라는 벽에 머리를 처박는 일과 같다. 지금 일어나는 일에 더 많이 저항할수록 더 많이 고통받게 된다.

더 심각한 것은 이런 악순환의 고리가 반복될수록 마음속에 쉽게 고통에 빠져드는 길이 다져진다는 것이다. 즉 뇌는 통증을 더 신속히 더 강도 높게 감지할 수 있도록 스스로를 미세하게 조정하기 시작한다. 마음이 통증의 강도와 지속 기간을 조절하는 볼륨 조절 시스템을 가지고 있는 셈이다. 마음은 그저 통증을 느끼는 데서 그치지 않고 거기에 담긴 정보를 함께 처리하기 때문이다.

마음챙김 명상을 하면 '지금, 이 순간'을 판단하지 않고 알아차리기 시작한다. 잔물결 없는 투명한 호수의 표면처럼 일어나는 것들을 왜곡 없이 비출 수 있게 된다. 이렇게 되면 한 묶음으로 마음에 전달된 서로 다른 통증들을 가닥가닥 나누어 살펴볼 수 있게 된다.

명상을 통해 우리는 통증에 휩쓸리기보다는 차분하게 통증을 관찰하는 법을 배우게 된다. 자신의 마음과 몸이 활동하는 모습을 봄으로써 아픈 감각이 일어나는 것을 관찰할 수 있고 그 아픔과의 싸움을 내려놓을 수 있다. 통증을 있는 그대로 바라보고 받아들일 때 역설적으로 그 크기가 점차 줄어들어 마침내 고통으로부터 자유로워질 수 있다는 것이 핵심이다. 통증이란 원래 커졌다 작아졌다 하는 것이 자연스러운 일임을 알 수 있다.

최근 실험에 따르면 마음챙김에 의한 통증 불쾌도 감소 수준은 평균 57%였고, 숙련된 명상가의 경우 최대 93%까지 감소했다. 마음챙김이 우리에게 통증의 볼륨 조절 스위치를 선사해 주었다는 것을 보여준다. 이렇듯 마음챙김은 스스로에 대한 자기연민을 갖추어 온전히 현존할 수 있게 한다. 그 결과 우리는 삶에 대한 균형감 있는 자각과 통제권을 갖게 된다.

명상과 우울증

2023년 발표된 세계보건기구(WHO)의 통계에 의하면 전 세계 인구의 약 5%가 우울증에 시달리고 있다. 미래에는 암이나 심장병보다 우울증이 더 심각한 질병이 될 것이라고 한다. 또한 미국의 성인 열 명 중 세 명이 평생 한 번은 임상적 우울증 진단을 받는다고 한다.

과거에 우울증은 중년기 후반에나 나타나는 질병이었으나, 이제는 어린 나이에 발병하는 사람도 많아졌다. 우울증의 무서운 점은 그 어느 병보다 재발 우려가 높다는 것이다. 앞으로는 행복과 만족이 아니라 불행감, 우울, 불안이 보편적인 일상 상태가 될 것이라는 예상도 지나친 억측만은 아닐 것이다. 우울증에 취약한 사람은 일시적으로 스쳐 지나가는 무거운 기분에 압도된다. 자기만의 생각에 깊이 빠지고 이를 반복적으로 곱씹는 경향이 있다. 이는 뇌의 감정 엔진이라고 불리는 대뇌변연계가 지나치게 자극받거나, 감정 조절에 관여하는 전전두엽 피질이 대뇌변연계의 활동을 억제하지 못하기 때문에 발생한다.

우울증으로 힘들어하는 사람들을 위해 영국 옥스퍼드대학의 마크 윌리엄스(Mark Williams)와 존 티즈데일(John Teasdale), 그리고 캐나다 토론토대학의 진델 시걸(Zindel Segal)이 함께 만든 것이 '마음챙김에 근거한 인지 치료(MBCT, Mindfulness-Based Cognitive Therapy)' 프로그램이다. 이는 존 카밧진의 '마음챙김 기반 스트레스 감소 프로그램(MBSR)'을 바탕으로 마음챙김 움직임, 마음챙김 식사 등을 추가하여 만든 것이다.

이 프로그램은 기본 8주 코스로 되어 있고, 3개월마다 재교육하는 방식으로 12개월 동안 진행된다. 참가자들은 일주일에 두 시간씩 집중 수행을 하고, 집에 돌아가서도 과제를 수행한다. 수련을 통해 몸의 감각, 생각, 감정을 의식적으로 알아차리는 법을 배우게 되고, 기분이 막 가라앉기 시작할 때 어떤 신호가 오는지를 잘 알아차릴 수 있게 된다.

핵심은 부정적인 생각이 떠오르더라도 그 내용을 변화시키려고 노력하지 않는다는 점이다. 대신 스스로 일어나는 생각이나 감정, 몸의 감각 등과 자신이 관계 맺는 방식을 바꾸기 시작한다. 이때 어떠한 경험을 하더라도 몸과 마음에 일어나는 현상으로 인식하고 흘러가는 사건에 불과하다고 생각하는 것이 중요하다.

괴로운 감정이나 생각, 감각과 싸우거나 굳이 억누르고 피하지 말고 그저 그것들이 오고 감을 지켜본다. 호기심과 자비심을 가지고 객관적으로 바라본다. 그렇게 하면 점차 자신에게 어떤 생각의 습관이 있는지, 또한 생각이 어떤 양상으로 흘러가는지를 객관화해 인지하기 시작하면서 알아차림이 확장된다. 그리고 자신이 겪는 문제를 곱씹는 것이 오히려 불편감을 키운다는 사실을 자연스럽게 알아차린다. 이를 통해 우울증을 촉발하는 부정적인 기분과 생각 사이의 오래된 연관성을 지켜볼 수 있게 되는 것이다.

마음챙김에 근거한 인지 치료(MBCT) 프로그램에 참여하는 환자들은 우울한 생각을 절대적 진실이 아닌 단지 '마음속에서 일어난 하나의 사건'으로 여기도록 배운다. '생각은 진실이 아니며 그저 생각일 뿐이다', '생각은 그냥 두면 왔다가 사라지는 것이다', '이에 반응하지 말고 그저 지켜보며 관찰하면 된다'라는 식으로 반응하는 법을 배우게 된다. 그리고 우울증으로 굳어진 뇌 회로를 조금씩 변화시키게 된다. 일시적인 슬픔을 우울증으로 거대하게 부풀리는 생각의 패턴을 알아차리고, 이러한 알아차림이 우울증으로 가는 뇌의 회로를 약화시킨다.

이는 마치 불꽃과 불쏘시개 사이에 방화벽을 세우는 것과 같다. 이러한 과정을 통해 뇌가 서서히 재형성된다.

이처럼 마음챙김 명상은 뇌의 작용에 긍정적인 영향을 주며 우울의 패턴에서 더 쉽게 벗어날 수 있게 한다. 결론적으로 마음챙김 명상을 규칙적으로 하는 사람은 그렇지 않은 사람에 비해 병원을 찾는 횟수가 더 적다고 한다. 병원에 입원한다고 하더라도 입원하는 시간이 더 짧아짐은 물론이다.

마음챙김과 불안

삶에는 즐겁고 신나고 경이로운 순간들만 있는 것이 아니다. 스트레스가 심하고 피곤하거나 절망적이며 충격적인 순간들도 있다. 그 둘은 마치 씨줄과 날줄처럼 서로 엮이면서 인생의 시간을 이루어 간다. 불행히도 현대인들은 대체로 지나친 불안감과 스트레스에 시달리고 있다 해도 과언이 아니다.

불안은 현재에 초점을 맞추지 못하고 과거 또는 미래를 지나치게 걱정하기 때문에 나타난다. 불안한 마음이 들면 온갖 부정적인 생각의 소용돌이에 휩쓸리기 시작하는 것을 한 번쯤은 겪어보았을 것이다. 끊임없이 떠오르는 부정적인 생각 때문에 괴로울 뿐만 아니라 사소한 일이 최악의 결과로 치달을 것 같은 느낌에 시달린다.

불안한 마음은 걱정과 공포를 연쇄적으로 만들어 내고 근육을 긴장시키며, 동시에 몸 어딘가가 아프기 시작한다. 그러다 보면 신체 증상이 불안을 유발하고, 불안감은 다시 신체적 통증을 악화시키는 악순환이 반복된다. 악순환의 고리를 끊어야 불안 증상의 빈도와 정도를 줄여나갈 수 있다. 불안은 심리적인 문제일 뿐 아니라 생리적인 문제도 동반한다.

불안이 일으키는 신체적 증상을 완화하고 진정시키는 방법은 뇌를 진정시키는 것이다. 불안한 신체를 조절하는 방법 중 숨쉬기는 가장 효과적인 기술이다. 아주 깊게 숨을 들이마시고 천천히 내쉬면서 진정 상태에 이를 수 있다.

전전두엽에서 숨을 쉬기로 하면, 대뇌 피질은 뇌의 각 부분으로 명령을 보내 호흡에 필요한 모든 근육과 장기가 작동하도록 한다. 교감신경 흥분을 완화할 뿐 아니라, 신체 흥분을 진정시키는 부교감신경계를 동시에 자극한다.

사람이 생각하고 행동하며 감정을 느끼기 위해서는 뇌를 구성하는 뉴런 세포 100억 개가 서로 연결된 상태에서 소통해야 한다. 하나의 뉴런에서 또 다른 뉴런으로 메시지가 전달되기 위해서 필요한 것은 충분한 신경 전달 물질이다. 세로토닌이 뉴런 사이에서 잘 전달되지 못하면 근심을 느끼게 되고, 도파민이 부족할 때는 불안감을 더 느끼기도 한다. 이때 호흡은 어느 정도 뇌를 진정시키는 효과가 있다.

뇌가 어느 정도 진정되면 오감을 동원해서 지금, 이 순간

내가 앉아 있는 곳, 테이블 위에 놓인 물건의 세부 사항, 창밖에서 들려오는 소리, 주변의 색 등을 관찰하며 현재에 머물러야 한다. 또한 몸을 움직여서 마음속 상태를 바꿀 수도 있다. 동네를 한 바퀴 산책하면서 주위를 둘러본다면 더욱 좋다. 가능하면 자연과 가까이할수록 좋다. 점차 마음을 열고 더 긍정적인 결과를 상상하면, 두려움에 떨며 살아가는 대신 긍정적인 변화를 받아들일 마음의 여유가 생길 수 있다.

깊은 호흡과 명상을 통해 마음챙김이 확장되면 시시때때로 경고 신호도 없이 나타나는 불안한 신체 감각의 존재를 인식할 수 있게 된다. 그럴 때 불안감을 어느 정도 떨쳐버리는 효과가 나타난다.

마음챙김이란 현재의 순간에 집중해 늘 깨어 있는 상태로, 자신이 살고 있는 '바로, 이 순간'에 충실한 방법이다. 현재의 존재에 충실한 것은 불안과는 대립하는 개념이다. 마음챙김으로 자신을 관찰하는 행위란 전전두피질이 생각과 느낌을 관찰하도록 뇌를 사용하는 일이다. 뇌를 사용해 뇌의 기능을 조절하는 인간의 독특한 능력이야말로 불안을 조절하는 핵심이다. 무엇에 집중할 것인지 선택하는 일에 가장 중요한 역할을 한다. 신체에 부정적인 영향을 주는 요소를 바꾸어 그 원인과 영향을 없애며, 불안을 느끼기 시작할 때 즉시 신체를 진정시킬 수 있는 것이다.

뇌가 차분해질수록 모든 불안 증상의 특징인 신체적 불쾌감도 완화될 수 있다. 하지만 불안한 마음을 다스리는 방법을 완벽하게 습득하기 위해서는 지속적인 노력과 의지가 있어야만 가능하다. 의지를 가지고 노력을 거듭하다 보면 자연스럽게 삶이라는 바다에 능숙해져서 우아하게 파도를 탈 수 있을 것이다. 삶의 위기가 닥칠 때 이에 유연하게 대처할 수 있고, 구부러지되 꺾이지 않는다. 타고난 탄력성을 되살리고 향상시켜 유연하게 세상을 관망하며 대처할 수 있는 행복한 길을 걸어갈 수 있다.

마음챙김과 중독

중독이란 우리 몸이 특정 물질에 대해 문제를 일으켜 파괴적인 남용 패턴에 길들여진 상태를 말한다. 최근에는 특정 물질뿐만 아니라 행동 패턴에서 강박적 반응을 일으킬 경우에도 중독이라는 표현을 사용한다.

중독은 나에게 아픔을 주는 대상으로부터 스스로를 차단하려는 욕구에서 생긴다. 하지만 아픔을 차단하면 현재 순간에 대한 단순한 경험도 단절되고 만다. 우리가 중독 행위를 없애려 할수록 중독은 더 큰 힘을 얻는다. 벗어나려 발버둥칠수록 그물에 더 단단히 걸려드는 것과 같은 이치이다. 중독에 맞서 그것을 없애려고만 하면 중독이 가진 힘을 오히려 키우는 형국이 되고 만다.

어떻게 하면 중독에서 벗어날 수 있을까? 여러 가지 방법이 있겠지만 그중 하나가 일어나고 사라지는 생각을 집착하지도 회피하지도 않으면서 관찰하는 방법이다. 바로 마음챙김 명상이다.

마음챙김은 유일하게 실재하는 '지금, 이 순간'을 경험하는 것이다. 이 순간 깨어 있다는 것은 미래나 과거에 사는 것이 아니다. 또 미래와 과거에 빠져 있는 자신을 비난하는 것도 아니다.

마음챙김으로 깨어 있을 때 우리는 즐거움을 움켜잡고 고통을 피하려는 욕망에서 벗어날 수 있다. 깨어 있으면 욕망으로부터 조금 떨어져 있을 수 있으며, 그 생각에 끌려다니지 않게 된다. 그저 지금 여기에 존재하는 것에서 기쁨을 발견하게 된다. 이럴 때 우리를 부정적인 반복 사이클에 가두는 고착된 행동 패턴을 더 쉽게 해체시킬 수 있다.

마음챙김으로 깨어 있지 못하면 필요한 경험의 자양분을 충분히 섭취할 수 없다. 그러면 정신 상태는 일종의 기아 상태에 빠지고, 어떤 경우에는 실제와 무관한 환상과 두려움에 시달리게 될 수도 있다. 나아가 굶주린 마음을 채우기 위해 강렬한 자극을 추구하면서 이리저리 기웃거리게 된다. 어떤 사람은 약물이나 알코올에 의존한다. 이것들은 마치 배는 부르지만 영양가는 없는 패스트푸드와 같다.

우선 자리에 앉아 눈을 감고 편안하게 숨을 들이쉬고 내쉬는 것으로 마음챙김을 시작하자. 이때 일어나고 사라지는 생각들을 가만히 관찰해보자. 그러면 생각들이 서서히 힘을 잃어감을 볼 수 있을 것이다.

중독의 충동이 일어나면 그것을 여느 생각과 다르지 않은 또 하나의 생각으로 무심히 바라볼 수 있어야 한다. 충동은 그저 오랜 기간 쌓여온 업이자, 마음이 조건화된 습관의 상태일 뿐이라고 생각할 수 있다. 그렇게 함으로써 중독 충동을 두려워하지 않고 공존할 수 있다. 충동에 힘을 싣지도 거부하지도 않으면서, 일어나고 사라지는 충동을 가만히 바라보는 것만으로도 중독으로 인한 습관이 우리에게 행사하는 장악력을 느슨하게 만들 수 있다.

명상할 때 일어나는 산만한 생각들을 억지로 없애려고 하면 오히려 괴로움과 긴장만 커진다. 마찬가지로 중독 행동에 탐닉하려는 충동을 억누르면 긴장과 괴로움만 커질 뿐이다. 중독 충동이 일어날 때뿐만 아니라 평소에 일어나고 사라지는 생각들에도 이 방법을 적용해 볼 수 있다. 그러면 중독 물질에 대한 충동이 일어났을 때 훨씬 수월하게 적용할 수 있다. 일어나는 생각이든 충동이든 그것과 맞서 싸우지 않고 부드럽게 감싸안게 된다.

마음챙김 명상은 중독에 빠진 마음 상태를 해결하는 훌륭한 해독제이다. 이를 통해 누구나 자신의 삶을 정면으로 마주할 수 있으며, 더 큰 명료함과 평정심, 평화와 통찰을 가지고 자신의 삶을 다시 일구어갈 수 있다.

마음챙김과 욕망

많은 사람이 불교의 가르침이 욕망을 완전히 제거하고 없애는 것이라고 오해한다. 불교에서 가르치는 바는 욕망을 없애는 것이 아니다. 욕망을 무엇인가를 하려는 의지로 보고, 삶이 지닌 에너지의 일부로 본다. 무언가를 하려는 의지를 건강한 방식으로 일으키면 건강한 욕망이 일어나고, 건강하지 못한 방식으로 일으키면 건강하지 못한 욕망이 일어난다고 보는 것이다. 불교는 건강한 욕망과 건강하지 못한 욕망을 구분하고 있다.

전통적인 설명에 따르면 불교에서 말하는 건강하지 못한 욕망에는 탐욕, 중독, 지나친 야망, 도박, 여색에 빠지는 것, 과욕 등이 있다. 건강하지 못한 욕망은 강한 소유욕, 자기중심적 태도, 불만족, 강박적 충동, 무가치하다는 생각, 끝없는 탐닉과 그와 비슷한 괴로움을 일으킨다. 극단적인 경우 욕망은 중독으로 변한다.

불교에서는 중독의 상태를 배고픈 귀신이 되는 것에 비유한다. 아귀(餓鬼)라는 굶주린 귀신은 아무리 먹어도 배부름을 느끼지 못한다. 그것은 욕망이 더는 채워지지 않으며 갈애(渴愛)의 목마름이 해소되지 않는 의식 상태를 일컫는 것이다. 중독자는 배고픈 귀신처럼 한 번의 음주, 마약의 황홀감, 한동안의 탐닉을 만끽한 후 잠시 멈추었다 다시 더 많이 원한다.

건강한 욕망은 돌봄, 감사, 자애와 관련이 있다. 건강한 욕망은 모두에게 헌신, 끈기, 책임감, 우아함, 관대함, 유연함을 일으킨다. 건강한 욕망이 있을 때 우리는 자신을 먹이고 입히고 돌볼 수 있다. 나와 다른 이들을 돌볼 수 있다. 일과 함께 살아가는 공동체를 발전시킬 수 있다. 건강한 욕망은 행복의 원천이며, 개인을 자유에 이르게 할 수 있다.

불교는 건강하지 못한 욕망을 내려놓고 건강한 욕망을 '가볍게' 붙들라고 가르친다. 그리고 욕망의 뿌리를 중립적인 정신 요소와 연결 짓고, 욕망과 현명한 관계를 맺는 방법을 알려준다.

욕망을 변화시키기 위해서는 우선 그것이 어떻게 작동하는지 몸과 마음의 친밀한 경험으로 느껴야 한다. 욕망은 고상한 기쁨에서 과도한 중독으로 우리를 떨어뜨릴 수도 있다. 신체적 생존에서 영적 갈망으로 고양시킬 수도 있다.

마음챙김을 할 때 우리는 욕망이 일어나고 사라지는 것을 관찰할 수 있다. 몸의 감각, 느낌의 상태, 욕망이 들려주는 이야기에 관해 판단을 내리지 않고 알아차릴 수 있다. 깨어 있는 마음챙김으로 욕망을 대하면 한동안은 욕망의 에너지가 더 강해지는 것처럼 보이기도 한다. 욕망이 모든 것을 삼킨 것처럼 느껴진다. 그러나 이때 허겁지겁 욕망을 채우지 않고 단순히 현재에 머물 수 있다면 불편감은 결국 사라진다. 그러면 편안한 느낌, 몸과 마음의 평화가 일어남을 볼 수 있다. 욕망을 넘어선 온전함과 충만함의 상태가 자연스러운 상태임을 알게 된다.

대부분의 사람들은 욕망을 내려놓았을 때 일어나는 기쁨과 단순함을 느끼지 못하며 살고 있다. 실제로 삶은 단순하게 살 때 더 행복하다. 우리는 복잡한 세상을 살면서도 집착과 욕망 속에 길을 잃지 않을 수 있다. 탐욕과 원함이 없다는 것은 세상에서 멀어지는 것을 의미하지 않는다. 탐욕과 원함이 없을 때 오히려 세상의 풍요로움에 깨어난다. 내면의 텅 빈 널찍한 공간과 만날 수 있다.

이제 텅 빈 공간은 행복과 만족으로 가득한 놀랍도록 즐거운 경험을 우리에게 선사한다. 모든 존재와의 상호 의존성을 느끼게 된다. 가슴이 풍요로워지면 느끼는 안녕감도 커진다. 이기심이 줄고 무의식적인 두려움도 사라진다. 지구라는 별에서 우리가 기적처럼 숨을 쉬며 함께 살아있음을 축복한다. 풍요의 마음은 기쁨과 두려움, 이익과 손실, 고귀함과 이기심이 뒤엉킨 이 세상을 온전히 품어 안는다. 진정 풍요로운 마음은 그 자체로 이미 온전하다.

5

마음챙김 명상과
감정 다루기

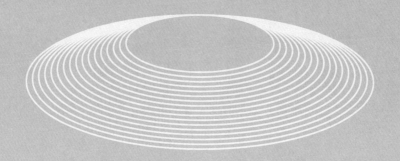

감정에 대한 알아차림

명상을 처음 배우는 사람들이 감정에 대해 느끼는 두려움이 있다. 이들은 감정을 모두 없애려고 열심히 노력하거나, 반대로 명상으로 인해 다채로운 감정이 무미건조한 무채색 감정으로 변해서 어떤 감정도 온전히 느낄 수 없게 될까 걱정한다. 하지만 실제로는 둘 다 아니다. 명상은 감정을 알아차리는 데 필요한 최적의 조건을 제공하고, 경험하는 모든 감정을 더욱 정확하게 자각하고 이해하도록 도와준다.

감정에 대한 사전적이고 기본적인 정의는 '육체적 고통을 경험할 때 느끼는 빨라진 심장 박동, 거친 호흡, 울음 또는 떨림과 유사하게 흥분하거나 당황하거나 불안할 때 경험하는 증폭된 정신 상태'이다. 하지만 일반적으로 느끼기에는 이런 거친 감정만 있는 것이 아니라 좋은 감정도 있다. 좀 더 자세히 관찰하면 감정은 육체와 정신을 움직이는 에너지로 변할 수 있다.

감정 에너지가 있다는 것은 다양한 용도로 사용하는 전자 회로가 언제나 켜져 있는 상태와도 같다. 이 에너지는 기분이 좋거나, 나쁘거나, 무덤덤하거나 상관없이 모든 경우에 면면히 흐르고 있다.

대부분은 평소에 자신의 미세한 감정 에너지를 알아채지 못한 상태로 살아간다. 감정이 걷잡을 수 없이 강렬해지며 극단으로 치달을 때는 알아차릴 수 있다. 이때는 전선을 타고 흐르는 전류의 전압이 급격하게 상승하는 것처럼, 주변에 있는 무엇인가가 거칠게 자극할 때 감정이 급격히 증폭된다.

감정을 자각하고 인정하며 함께 살되, 그것에 휘둘리지 않을 방법을 찾아야 한다. 알아차림 명상은 최고의 수단이 될 수 있다. 감정을 경험하는 방식에 따라 그 감정을 더 빨리, 쉽게 내려놓을 수 있게 된다. 감정과 잘 관계 맺는 방식을 배운다면, 감정은 대단한 지혜를 담고 있는 약처럼 작용할 수도 있다.

몸의 감각적 경험, 들이마시고 내쉬는 숨의 움직임 그리고 생각과 감정의 흐름에 의식을 집중하는 것을 통해 현재의 순간에 자신을 온전히 맡겨야 한다. 의식이 다른 곳으로 떠내려가는 것을 느낄 때마다 다시 의식을 제자리로 데려다 놓는 것이 좋다. 수행을 통해 알아차림이 점차 확장되면, 무엇이 일어나고 있는지 정확하게 알게 된다. 무엇을 하는지 명료하게 알아차리면 더욱 명료하고 깨어 있는 선택을 내릴 수 있게 된다.

짧은 찰나에 얼마나 다양한 감정을 느끼고 그 감정이 또한 얼마나 강렬한지를 느끼는 것이 필요하다. 때때로 어떤 감정이 끈질기게 찾아오고 어떤 감정이 비교적 잠깐 머물다 사라지는지를 더욱 정확하게 알아차리는 것이 좋다. 명상 중에 떠오르는 감정이나 생각을 판단하지 않는 태도를 유지하는 것이 매우 중요하다. 과거의 경험에 비추어 특정 감정에 '좋다' 혹은 '나쁘다'라는 꼬리표를 붙이는 것을 최대한 지양해야 한다. 감정 그 자체의 본질적 측면에 관심과 호기심을 갖고 개방적인 태도를 유지하는 것이 필요하다. 그렇지 않으면 '좋은' 감정은 열심히 쫓아다니고 '나쁜' 감정은 없애려 드는 자아의 오래된 습관을 버리지 못할 것이다.

감정은 또한 주변 환경, 상황과 사람들을 인식하고 그들과 관계를 맺는 데도 직접적인 영향을 미친다. 대부분은 감정을 통해 세상을 인식하기에 감정은 세상을 연결하는 일종의 필터 역할을 한다고도 볼 수 있다. 이 감정이라는 오염된 필터로 인해 우리는 주변 세상에서 일어나는 실제 모습을 정확하게 보지 못한다. 이는 한때 느꼈던 과거의 감정과 그 감정에 대해 습관적으로 기우는 마음의 경향성 때문이다.

본질적으로 감정 에너지는 창의적인 힘과 지성의 무한한

원천이다. 감정은 신체 내부의 에너지와 소통하여 마음과 몸 안에 깃든 괴로움을 치유할 수 있다. 감정 그 자체보다는 그 감정에 반응하는 방식이 문제를 일으킨다.

삶을 경험하는 데 무엇보다 중요한 역할을 하고 있음에도 우리는 감정에 대해 그다지 아는 것이 없다. 하나씩 익혀나간다면 감정을 대하는 자세가 점차 진화할 것이다. 그리고 시간이 지나면서 단순히 감정을 '좋음'과 '나쁨'으로 양분하는 단편적인 자세를 초월할 수 있다. 감정을 통해 창의적인 에너지 흐름으로 삶을 이끌어 나갈 수 있다. 몸과 마음이 완성의 단계로 진입할 수 있는 긍정적인 태도를 이뤄갈 것이다.

알아차리며 거리 두기

감정에 대하여 '알아차리며 거리 두기'는 자신과 감정 사이에 안전거리를 만들고, 감정에 대한 관점을 새롭게 할 수 있는 수행이다. 이를 통해 감정의 에너지와 소통할 넉넉한 심리적 공간을 만들 수 있다. 뇌신경과학 분야의 최근 연구 결과에 따르면, 감정을 단순히 '알아차리기'만 해도 실수를 줄이고, 더 나은 결정을 내리며, 나쁜 결정을 피하도록 하는 데 큰 영향을 준다고 한다.

보통 화가 나면 그 감정에 더 많이 화내는 것으로 반응하고 열심히 부채질해서 화가 계속 활활 불타오르게 한다. 화가 일어나는 순간에 판단하지 않고, 저항하지 않으면서 알아차리고, 한 걸음 물러나 바라보면 조금 더 객관적인 관점을 얻을 수 있다. 그러면 애초에 일어난 그 감정을 있는 그대로 바라볼 수 있게 된다.

어떤 감정이 일어나고 있다는 것을 인식하는 순간, 모든 것을 멈추고 그 감정을 단순히 '느껴' 보는 것이 중요하다. 감정의 에너지를 막지도 말고, 반응하지도 않은 채, 그저 느끼고 있는 것을 주시하며 알아차림 해 보도록 한다. 이렇게 감정을 느끼는 데 시간을 내준다면, 모든 것이 저절로 느려진다. 감정을 느끼는 바로 이 공간에서, 자신과 자신이 느끼고 있는 감정 사이의 틈을 발견할 수 있다. 이 약간의 거리로 '감정이 곧 나 자신은 아니라는 것'을 알 수 있다. 한편으로는 주의를 몸의 느낌으로 가져가야 한다. 그러면 무엇이 자신을 화나게 했는지에 대해 매달리는 것을 내려놓기가 좀 더 쉬워진다. 그리고 계속해서 감정을 느끼고 경험하면서 무엇이 일어나는지 그냥 무심히 바라볼 수 있어야 한다.

그 느낌에 '중지' 버튼을 눌러 현재의 순간에 좀 더 머무는 것이 좋다. 분노의 에너지를 계속해서 느끼도록 한다. 경험의 순간에 머물고 알아차리며 바라보지만 반응하지는 말아야 한다. 계속 호흡을 바라보면서 느낌과 함께 현재에 조용히 머물기만 하면 된다.

이 지점에서 할 일은 긴장을 풀고 의식을 감정 에너지에 집중한 채 있는 것뿐이다. 마음을 연 채, 그 느낌을 붙들고 그 느낌과 머물기를 거듭하는 것이 필요하다. 감정들을 느끼는 바로 그 순간, 감정들이 나쁘다거나 쓸모없다고 생각하지 말고 아무런 선입견 없이 경험하도록 노력이 필요하다. 감정들이 일어나고 자연스레 사라지는 것을 느끼면서 '중지' 버튼을 누르고 있을 수 있다면, 감정이 어떻게 변하는지뿐만 아니라 감정에 대한 인식이 어떻게 변하는지까지 볼 수 있다. 감정은 매 순간 새로운 것이다. 우리는 매번 완전히 새로운 화, 질투, 열정, 자부심을 경험할 수 있다. 현재의 순간에 느끼는 새로운 감정을 어떠한 필터도 거치지 않고 바라볼 수 있게 된다.

필터를 거치지 않은 감정의 발가벗은 모습을 볼 때, 그 감정들의 정제되지 않은, 자연 그대로의 모습을 보는 것이다. 이 감정들은 어떠한 개념이나 철학적 해석의 옷도 입고 있지 않다. 우리는 이미 감정들이 생각보다 유동적이라는 것을 알고 있다.

감정들은 반짝이는 불빛 혹은 청량음료 위의 거품과도 같다. 화가 불꽃처럼 번쩍인 다음에 다른 불꽃이 또 일어난다. 이들은 일어나고 사라지며 깜빡거리고 펑 터진다. 수행을 계속해 가면 감정에 대한 인식을 근본부터 완전히 바꾸어 놓을 수 있다. 화를 거칠고 단단한 어떤 것이 아니라 유연하고 유동적인 에너지로 볼 수 있게 된다. 이러한 관점의 변화로 해방감을 맛볼 수 있다.

감정들은 본래 그대로의 상태에서는 그저 순수한 창의적 에너지일 뿐이다. 끊임없이 움직이며 변화하는 감정들의 바로 그 본성, 이것이 감정들이 존재하는 방식이다. 감정의 본성을 이해하는 것은 매우 심오한 지혜이며, 관점의 변화가 감정들과 우리의 관계를 영원히 바꿔 줄 것이다.

명확하게 바라보기

감정에 대하여 '명확하게 바라보기'는 감정과 감정을 둘러싼 주변 환경을 바라보는 수행이다. 이 수행을 통해 행동 속에 담겨 있는 습관적 패턴을 알아차릴 수 있다. 보통 행복하고 기쁠 때는 그 감정을 가능한 한 오래 유지하기를 원한다. 그리고 불쾌한 감정이 솟아날 때는 그것에 저항한다. 이 저항이 아무 소용도 없고 오히려 상황을 악화시킬 뿐이라는 것을 알고 있음에도 습관적으로 그렇게 반응한다.

먼저 호흡에 집중하면서 숨을 들이쉬고 내쉬는 것이 필요하다. 현재의 순간에 머물면서, 감정을 저항 없이 완전히 받아들여야 한다. 점차 알아차림이 확장되면 감정을 순수한 상태로 받아들일 수 있고, 있는 그대로의 상태로 감싸안을 수 있을 것이다. 그러면 감정들을 바라보는 또 다른 길이 보이기 시작할 것이다.

감정을 느끼고 붙들고 있다가 그 틈을 바라볼 수 있게 되면, 화가 나서 미쳐 버릴 것 같을 때에도 자신에게 숨 쉴 공간을 줄 수 있게 된다. 나아가 감정이 오가게 내버려두는 법을 익히게 되면, 그 감정이 아무리 고통스럽고 아무리 강렬해도 모든 것이 괜찮다는 느낌이 들기 시작할 것이다. 그 감정이 하고 싶은 말을 표현할 길을 열어 주면 차츰 감정의 분출 방법이 부드러워질 것이다.

수행을 거듭할수록 점차 부드러운 공간에서 여유롭게 감정과 공감하면서 머무를 수 있게 된다. 지금까지는 갑자기 일어난 감정을 감당하지 못해 어찌할 바를 모르고 안절부절못했을 수 있다. 이제는 감정이 어디서 촉발될지, 어느 순간에 그 감정을 일으킬지 예측할 수 있다. 그리고 언제 감정에 대한 마음챙김을 놓치게 되는지, 언제 강렬한 감정이 자신을 압도하는지 미리 알아차릴 수 있다.

자신을 감싸고 있는 선입견의 이름표들을 모두 떨어뜨리고 아무런 판단도 하지 않은 채로 그저 바라볼 수 있을 때, 감정에 관한 새로운 경험을 할 수 있다. 감정과 분열하지 않으면서 직접적이고 단순한 방식으로 연결될 때 비로소 편안해진다.

명상은 경험하는 모든 감정을 더욱 정확하게 자각하고 이해하도록 해 준다. 그리고 어떠한 왜곡도 없이 바라볼 수 있게 한다. 이러한 변화는 주변 세상이 변한 것이 아니라, 그 세상에 대한 우리의 경험이 완전히 변한 결과이다.

불교의 시각에서 보면 감정 에너지는 명료하며 열려 있고 광활하며 빛나는 에너지의 장으로, 어떠한 한계도 없다. 따라서 머물 장소도 없는 것이다. 이 에너지는 모든 개념 이전에 일어나며, 어떠한 기준과 표준에 앞서 존재한다. 이 에너지 안에 나, 너, 여기, 거기와 같은 구분은 존재하지 않는다. 하지만 마음이 만들어 내는 분별심은 이 열린 에너지에 머물 장소를 정해 주며, 일종의 관계도 만들어 준다. 이 모든 것들이 어우러지면서 우리의 정서는 더 강렬하게 다채로워지고, 선명해지며, 화려해진다.

수행을 통해 감정을 있는 그대로 받아들일 수 있다면 새로운 눈을 통해 새롭게 바라볼 수 있게 될 것이다. 감정을 제대로 들여다보면 '화' 또는 '욕심'이라고 불리는 독립적인 실체를 찾을 수 없다. 에너지와 분별 개념, 이 두 가지 뿐이다. 그 어떠한 것도 실체를 가지고 있거나 독립적이지 않다. 붙잡고 있을 수 있는 것은 아무것도 없다.

늘 하던 대로 한바탕 화를 낼 때, 에너지의 불안정하며 서로 충돌하는 자질이 표현된다. 그 표현은 둘 중 하나다. 거칠거나 부드럽거나, 부정적이거나 긍정적이거나. 그런데 화의 에너지 레벨을 순수하게 바라본다면, 이 화의 본성은 연민이라는 것을 발견할 수 있다.

내려놓기

감정에 대하여 '내려놓기'는 감정 에너지를 좀 더 깊이 통찰할 수 있게 하는 수행이다. 이 수행에서는 감정의 존재를 알아차리자마자 그것을 있는 그대로 내버려두는 것이 중요하다. 어떤 감정이 튀어나오면 튀어나오게 그냥 두고, 그 감정이 바뀌면 바뀌도록 놓아둔다. 생각이 떠오르지 못하게 막으려고 애써도 소용없듯이, 감정 역시 일어나지 못하게 막으려고 애써도 막지 못한다. 감정을 일부러 바꾸려고 애쓰지 말아야 한다. 그저 감정 하나하나가 일어날 때마다 그것을 바라보기만 하면 된다.

그 감정이 열린 공간 속으로 융해되도록 내버려둔다. 감정의 강한 느낌과 치닫는 생각들에 의식을 집중하지 말고 주변 세계에 의식을 집중해야 한다. 아이들이 노는 것을 지켜보거나 구름이 떠가는 것을 바라보는 것처럼 단순히 앉아 마음에 무슨 일이 일어나는지 그냥 살펴보는 것이 좋다. 그리고 길가에 앉아 지나가는 감정을 지켜보며 어떤 감정이 근사해 보인다고 해서 쫓아가지도 말고, 두려워 보인다고 해서 달아나지도 말도록 한다. 모든 것을 받아들일 수 있는 열려 있고, 왜곡되지 않은, 깨어 있는 마음을 유지하는 것이 필요하다.

명상을 통해 마음을 직접적으로 만날 수 있다. 알아차림을 통해 관찰하고 그 감정에 대한 경험을 명료하게 인식하기 시작하면, 고통을 주는 습관적 성향들을 탈바꿈시킬 수 있다. 감정들은 아주 미세한 수준까지 변화하기 시작한다. 물론 명상 속에서 한 번 마주했다고 깊이 뿌리박혀 있는 것들을 모두 바꿀 수는 없다. 그렇더라도 명상이 그 변화의 과정에 불을 붙일 수는 있다.

결국 지혜, 창의력 그리고 연민이라는 진정한 마음의 능력을 발견하기 시작할 것이다. 감정들의 참모습이 엄청난 명료함, 통찰력, 자비라는 것을 알아차릴 때 슬픔과 기쁨, 분노와 침착 등 모든 감정은 똑같은 창의적 에너지의 흐름에서 일어남을 경험할 수 있다.

붓다의 가르침에 따르면, 감정들은 거대한 에너지장, 광활한 생생함이다. 아름답게 빛나며 충만한 불꽃 속에서 노닌다. 그리고 에너지장은 어떠한 고정된 색이나 모양이 없는 순수한 물과 같다. 이것은 깨끗하고, 투명하며, 생기가 넘친다. 그 뒤로 생각이 치고 들어와 이 깨끗한 에너지 위에 이름표, 판단, 이야기들을 덧대기 시작한다. 이때 각각의 생각은 마치 물과 섞이면 색을 뿜어내는 염료 한 방울과 같다. 마음의 명료한 본질을 있는 그대로 지켜보지 못하도록 가로막는 혼동의 장막들이 생겨나는 것이다. 이 혼동이 우리가 타고난 사랑과 연민, 자비에 대한 실천을 가로막는다.

감정과 소통하는 깊은 단계에서 감정의 가공되지 않은 힘과 창조성 그 자체가 바로 깨달음의 지혜임을 직감할 수 있다. 감정들의 원초적 상태, 본질과 연결되었을 때 감정들은 본래 갖춘 지혜의 창의적 에너지를 격동적으로 일으킨다. 그때 우리는 감정의 심장에 언제나 존재하는 지혜와 자비를 인식하기 시작할 것이다. 모든 감정은 마음과 가슴에서 자연히 일어난다. 감정 또한 영원히 존재하는 창의적인 에너지와 동일한 원천에서 일어난다는 것을 이해하자.

『반야심경』은 모든 현상이 공하다는 것, 독립적인 자성(自性)이 없다는 것을 매우 아름답게 그려 낸다. 감정이 창의성의 원천이라는 것은 맞는 말이다. 그러나 창의성의 진정한 원천은 어떠한 분별 개념도, 생각도, 이름도 붙여지지 않은 순수한 에너지다. 분별 개념과 조합이 아니라 순수한 의식과 에너지가 조합하는 순간이다. 내면의 직관은 이미 그 에너지와 어떻게 접촉할지 알고 있다. 그 에너지를 어떤 모습으로 바꾸겠다는 의도를 버린다면, 아름답게 빛나는 경험의 계기가 될 것이다.

힘겨운 감정에 이름표 붙이기

감정이란 원래 부정적이지도 긍정이지도 않다. 예를 들어 힘
겨운 감정을 통해서도 내면과 바깥에서 무슨 일이 벌어지고
있는지 정보를 얻을 수 있다. 두려움·분노·증오 같은 감정은
힘겹지만, 그 어떤 감정도 본래부터 파괴적이지는 않다. 집착
하거나 사라지게 하려고 애를 쓰면 쓸수록 감정은 오히려 더
부정적으로 변하고 다루기 힘들어진다. 맞서 싸울수록 더욱
강력해진다.

감정은 어떤 상황이나 대상에 대한 생각과 몸의 반응이
며, 따라서 정신적·신체적 요소를 모두 가지고 있다. 감정의
일부는 마음이고 일부는 몸이다. 다시 말해 몸은 사고방식에
영향을 끼치고, 사고방식은 몸에 영향을 끼친다. 이러한 감정
은 언제나 몸에서 표현된다. 감정이 몸의 어디에 위치하는지
는 사람마다 다르다. 대체로 분노는 목의 긴장으로, 슬픔은 가

슴의 압박으로, 두려움은 복부의 서늘함으로, 부끄러움은 상체와 머리의 공허감으로 감지되는 경우가 많다.

흔히 감정에 대한 마음챙김이 몸에 대한 마음챙김보다 조금 더 어려우며, 생각에 대한 마음챙김이 가장 어렵다고 한다. 몸의 감각을 자각하는 것은 감정 조절의 중요한 요인이 된다. 생각은 빠르게 움직이기 때문에 포착하기가 어렵지만, 몸은 상대적으로 느리게 움직인다. 몸에서 감정의 위치를 감지하고 나와 감정의 관계를 변화시킬 때, 감정 자체가 변화하기 시작한다.

우선 편안한 곳에 자리를 잡는다. 눈을 감고 느긋하게 세 차례 호흡한다. 힘겨운 감정을 떠올리면서 몸의 어느 부위에서 그런 감정이 가장 많이 느껴지는지 살핀 후 가장 강렬하게 표출되는 곳에서 멈춘다. 몸에서 감정의 위치를 파악한다면, 슬픔과 두려움 같은 강한 감정을 특징짓는 정신적 집착에서 벗어날 수 있는 첫발을 내디딘 것이다.

자연스럽게 호흡을 계속하면서 그 감각을 있는 그대로 내버려두어야 한다. 원한다면 가슴에 손을 얹어도 좋다. 부드럽고 조화로우며 규칙적인 호흡을 통해 몸을 고요하게 한다. 그리고 힘든 감정에 '외로움', '슬픔', '두려움', '혼란' 등의 이름표를 마음속으로 붙여 본다.

감정에 이름표 붙이기는 감정을 다스리고 관계를 유연하게 유지하도록 하는 강력한 방법이다. 감정에 이름을 붙이면 그 감정에 빠져들지 않고 딱 그 감정과 관계를 유지할 수 있을 만큼만 뒤로 물러나게 된다.

이 수행은 힘겨운 감정을 느낄 때면 언제든 할 수 있다. 감정에 이름을 붙일 때, 사랑하는 사람에게서 느끼는 것과 같은 공감적 어조를 사용하는 것과 단조로운 어조로 붙이는 것은 다르다. 이름표를 붙일 때 따뜻하게 이해하고 수용하는 어조로 하는 것이 좋다. 부드럽고 온화한 이름을 붙임으로써 마음은 불쾌한 경험을 없애보려는 경향에서 벗어날 수 있다. 그렇다고 그 일에 지나치게 애쓰지는 말아야 한다. 그러지 않으면 불쾌한 감정을 놓아버리기는커녕 거기서 주의를 떼지 못하고 오히려 집착할 수 있다. 느긋하고 편안하게 하는 것이 매우 중요하다.

2007년 캘리포니아대학교의 데이비드 크레스웰(David Creswell) 교수와 연구팀은 감정에 이름을 붙이는 수행이 어떻게 두뇌를 진정시키는지 알아보는 실험을 했다. 실험 참가자 30명에게 다양한 표정을 짓고 있는 사람들의 사진을 보여 주면서, 한 번은 표정이 표현하는 감정에 맞는 '분노', '두려움' 등의 이름을 붙여보도록 하고, 다른 한 번은 마음속으로 '해리',

'샐리'같은 이름을 붙이도록 하였다.

    그 결과 단순하게 '해리', '샐리'같은 이름을 붙였을 때보다 감정에 '분노', '두려움' 등의 이름을 붙였을 때 위험을 감지해 경보를 발생시키는 뇌 부위인 편도체는 덜 활성화되는 반면, 전전두피질 부위들은 더 활성화되었다.

    이는 감정에 이름표를 붙여줌으로써 감정 자체와 감정을 경험하는 우리 자신을 일정 부분 분리하는, 즉 탈동일시 효과를 얻을 수 있다는 것을 의미한다. 다시 말해 힘든 감정에 이름표를 붙이면 감정과 나 자신이 분리되어 감정을 객관화할 수 있는 내면적인 힘을 갖게 된다. 동시에 감정과 자신을 동일시함으로 인해 발생하는 스트레스는 줄어든다.

6

생활 속의
마음챙김 명상

명상은 삶의 기술

진리에 이르는 길은 한 가지가 아니다. 명상에 들어서는 문도 하나일 필요가 없다. 마음을 자각하여 집중하고, 호흡과 몸, 감정과 마음을 관찰하는 법을 배우는 것이 명상이다. 그러니 특정 명상법을 고집할 이유가 없다. 가장 중요한 것은 충실하게, 규칙적으로, 매일 명상을 실천하는 것이다.

명상의 목표는 마음의 특정한 상태에 도달하는 것이 아니다. 마음이 움직이지 않는 단계에 도달하는 것도 아니다. 일상에서 매 순간 알아차리는 것이 명상의 목표이다. 그렇게 될 때 자신도 몰랐던 마음의 여러 모습이 또렷하게 보인다. 가슴을 열게 되고 자신을 돌아볼 수 있다. 자기 몸과 감정을 열린 마음으로 보게 된다. 그럴 때 생각과 감정에 휩쓸려 판단하지 않고 자신을 온전히 자각할 수 있다. 점점 더 마음 안에 있는 모든 것을 따뜻하고 개방적인 시선으로 바라보게 되는 것이다.

생활 속의 마음챙김 명상

명상이 계속되면 더는 자신을 고립된 존재로 여기지 않는다. 사랑의 감정과 인내심이 자라나 존재하는 모든 것을 향해 마음이 열리게 된다. 자기 삶을 바라보는 눈길에는 호기심과 온기 어린 시선이 깃든다. 어떻게 하면 깨어 있으면서 자유로울 수 있는지를 탐구하게 된다. 그 결과 명상을 통해 현재를 더욱 충만하게 살아간다. 진정성 있게 현재 순간에 존재하는 것이야말로 삶을 살아가는 기술 중에 가장 핵심적인 내용이다. 부처님은 과거는 지나가 버렸고, 미래는 아직 오지 않았으니 존재하는 것은 오직 현재뿐이라고 가르쳤다.

그뿐만 아니라 이 세상을 살아가는 최선의 길은 타인과의 공존과 조화에 있음을 깨닫게 된다. 명상을 통한 알아차림이 깊어질수록 현재 나의 삶에 대한 통찰도 더 깊어진다.

명상하다 보면 매 순간 온전하게 깨어 있게 된다. 우리는 깨어 있음에 주목할 필요가 있다. 도대체 무엇에 대해 깨어 있어야 할까. 바로 불교에서 말하는 다르마(Dharma)에 깨어 있어야 한다. 다르마는 고대 인도 언어인 산스크리트어 단어이다. 우주의 진리와 법칙, 그에 대한 가르침을 뜻한다. 지혜의 다르마는 바로 지금 이 자리에서, 환상과 과거의 기억이 아니라 우리가 마주치는 이 순간의 실재를 자각하는 일이다. 과거는 기억이고 미래는 환상일 뿐이다. 지금, 이 순간만이 실재한다. 현재에 온전히 주의를 집중하면 지나간 생각은 덧없으며 환상은 불확실함을 깨달을 수 있다.

우리의 인격과 기억은 과거의 경험이나 성격, 감정, 생각 등에 뿌리를 두고 있다. 우리는 또한 그것이 변하지 않고 고정돼 있다고 속단한다. 그러나 실상은 그렇지 않다. 늘 변해간다. 변치 않는 생각을 어디서 찾을 수 있을까? 어제의 경험이 오늘의 그것과 같을 수 없다. 만약 무엇인가 변해가는 것을 두고 변치 않기를 바란다면 집착과 실망과 고통만을 찾을 수 있을 것이다.

어떤 상태에 집착하여 변치 않기를 바란다고 할지라도 변화는 멈추지 않는다. 중력이 우주의 법칙이듯이 만물이 존재하는 방식 또한 변화이기 때문이다. 명상은 우리가 변화시킬 수 있는 경험과 그럴 수 없는 것을 구분할 수 있게 한다. 무거운 물건이 내 발에 떨어지면 그 물건을 옮길 수는 있다. 이것은 내가 바꿀 수 있는 것이다. 하지만 발의 욱신거리는 아픔은 바꿀 수 없다.

우리 인생과 세상만사는 강물처럼 흐르고 변해간다. 과거에 머물러 매달리는 것은 결국 고통과 실망만을 남긴다. 원하든 원치 않든 모든 것은 변한다는 사실만이 진실이다. 일체는 무상하다.

모든 것은 변하고 집착은 고통을 불러온다는 것이 자연의 법칙이며, 이것을 이해하고 나면 세상 사람들 모두가 경험하는 얻음과 잃음, 칭찬과 비난, 고통과 즐거움이 삶의 일부임을 알게 된다. 삶이 춤이라면 그것들은 순간순간의 춤사위일 뿐이다. 삶이 흘러가도록 한다는 것은 삶을 돌보지 않는다는 의미가 아니다. 수동적으로 방치하는 것이 아니라 유연하고 현명한 태도로 흘러가는 현상을 저항 없이 수용하여 돌아본다는 의미이다.

이렇게 할 수 있는 사람은 더 이상 고통이 두려워서 도망가지 않는다. 순간의 즐거움을 붙잡고 갈망하지 않는다. 대신 현재 이 순간에 온전히 존재하며, 지금 자리에서 충만함을 느낀다. 그것이 자유롭게 살아가기 위한 기본이다. 빠르게 변화하는 세상 속에서 중심을 잡고 현재에 머무는 법을 체득하는 길이다. 파도를 타는 사람처럼 자유자재로 바다의 흐름을 즐길 뿐이다. 거친 파도를 두려워하지 않고, 두려움 대신 깨어 있는 자각을 통해 파도의 흐름을 타게 된다. 명상은 그렇게 현재를 온전히 살 수 있는 삶의 기술을 얻게 한다.

마음챙김 커뮤니케이션

우리는 다른 사람과 대화를 나누며 서로 사랑하기도 하고 미워하기도 하며, 받아들이기도 하고 거부하기도 한다. 말은 때로는 치유해 주고, 달래 주고, 행복하게 만들어 준다. 인생의 고난을 마주했을 때 관심을 담은 단 한마디의 말이 인생을 바꿀 수도 있다. 반면 말이 엄청난 해악을 가할 때도 있다. 분노나 잔인함으로 가득 찬 날카로운 말은 인간관계를 깨뜨리거나 듣는 이를 몇 년 동안이나 아프게 만들 수도 있다. 커뮤니케이션은 언어적이고 정신적이며, 감정적이고 육체적이다. 복잡하고, 실시간으로 변화하는 역동성을 가지고 있다.

커뮤니케이션의 시작은 경청이다. 진정한 경청은 근본적으로 나의 아집을 버려야 가능하다. 진정으로 듣기 위해서는 자기 생각과 관점, 느낌을 일시적으로 내려놓을 수 있어야 한다. 경청은 어려운 순간만큼이나 즐거운 순간에도 매우 중요하다. 모든 대화 중에 침묵하지 못하면 진정한 경청이나 가슴으로 말하기는 불가능하다. 침묵이 없으면 온전히 들을 수 없고, 온전히 듣지 못하면 진정한 커뮤니케이션은 일어나지 않는다. 대부분은 경청하지 못하고 침묵을 어색하게 느끼기 때문에 일상적으로 불완전한 커뮤니케이션을 한다.

대화 중에 경험하는 것에 대하여 끊임없이 자기 방식대로 판단하고 통제하려 한다. 차분히 알아차리지 못하고 즐거운 것은 취하고 불쾌한 것을 멀리하려 한다. 즉 즐거운 것은 좋은 것, 불쾌한 것은 나쁜 것으로 판단하며 대화를 이어간다.

그러나 바로 이 순간 일어나는 일들을 안정적이면서 비반응적인 방식으로 알아차릴 수 있다면 오랜 습관에서 벗어날 수 있다. 열린 자세로 말할 수 있는 길이 생긴다. 그리고 상대의 말을 넉넉히 이해하려고 시도하게 된다. 알아차림은 커뮤니케이션이 이뤄지는 동안 말하기와 듣기 이외에 작용하는 기본 요소다. 성공적인 커뮤니케이션은 알아차리면서 주의를 기울이는 능력에 달려 있다. 온전히 이 순간 이 자리에 있으면서 자신과 다른 이를 인식하는 것이 중요하다. 알아차림은 모든 커뮤니케이션의 근본적인 토대가 된다.

우선 마음챙김 커뮤니케이션을 연습해 보자. 대화할 때 우리의 몸을 닻으로 삼아 시도한다. 몸에서 깨어 있음을 느낄 수 있는 두세 곳을 골라, 사람들과 의사소통하는 동안 가능한 한 자주 깨어 있는 감각에 주의를 기울인다. 사람들이 말하는 동안 내 생각을 내려놓고 그들의 말에 온전히 주의를 기울여야 한다.

특히 가슴 근처에서 생기는 느낌과 감각에 주의를 기울이도록 한다. 그리고 마음이 이런저런 판단을 내리느라 바삐 움직이는 걸 알아차리면 다시 몸의 감각으로 되돌아온다. 만약 상대의 말을 비판하고 분석하거나 자기 방식대로 해석하고 있는 것을 느끼게 되면, 그런 생각을 하고 있음을 분명히 알아차려야 한다.

대화 중 온전하게 깨어 있고 상대에 대한 주의 집중을 하는 것에는 존중의 태도도 포함되어 있다. 상대방이 말하는 목소리의 음색, 말소리의 고저, 성량, 사용하는 단어에 주의를 기울이며 진심으로 깊이 경청해야 한다. 특히 상대방이 말하고 있는 동안 내가 할 말을 미리 준비하고 연습하는 것은 좋지 않다. 그보다는 지금, 이 순간 진실하고 의미 있게 느껴지는 것을 그대로 말한다. 이렇듯 마음으로 말할 수 있는 것은 참된 경청이 있어야 가능한 일이다.

몸과 마음에 대한 마음챙김을 잃지 않도록 천천히 말하는 것이 필요하다. 그리고 상대방이 말을 마쳤을 때, 잠시 멈추어 그가 했던 말이 머물 수 있는 공간을 마련해주어야 한다. 이렇게 서로 함께 깨어 있을 때 마음챙김과 자비를 일상생활에 통합할 수 있다. 이러한 훈련을 통해, 우리가 서로 이어져 있다는 유대감이 주는 행복을 경험할 수 있다.

명상과 부정적 편향

인류의 뇌는 살아남기 위해 생명과 직결된 부정적 정보에 초점을 맞추도록 진화했다. 즐거운 경험을 놓쳐도 내일이면 또 한 번의 기회가 찾아오겠지만, 부정적인 것을 발견하지 못하면 오늘 죽을 수도 있기 때문이다.

이렇게 당근을 얻는 기회는 자주 놓쳐도 되지만, 무슨 수를 쓰든지 위험의 채찍은 일단 피하고 봐야 하는 강박 관념이 생긴다. 이 과정에서 강력한 '부정적 편향'이 뇌 속에 내장된다. 우리가 경험하는 괴로움 중 상당 부분은 자연이 수백만 년에 걸쳐 진화하는 동안 새겨 넣은 본능 때문에 생긴 부작용이다. 앞서 말했듯 이는 부정적인 경험이 긍정적인 경험보다 생존에 더 큰 영향을 미치기 때문이다. 자연의 입장에서 보면 생존이 행복보다 훨씬 더 중요한 조건이니 어쩔 수 없는 일이다.

『붓다 브레인』의 저자이자 신경생리학자인 릭 핸슨(Rick

Hanson) 교수는 뇌가 '부정적인 경험에는 벨크로(Velcro)를, 긍정적인 경험에는 테플론(Teflon)을 가지고 있다'라고 묘사했다. 실제 우리의 경험은 대부분 중립적이거나 긍정적임에도 불구하고, 뇌는 부정적인 경험에 벨크로 테이프처럼 찰싹 잘 달라붙고, 긍정적인 경험에 대해서는 바닥이 테플론 코팅 처리된 프라이팬처럼 미끄러져서 잘 달라붙지 않는다는 소리다.

또 다른 신경과학자의 연구에 의하면 우리의 뇌는 위험을 알아차리는 데 10분의 1초도 걸리지 않지만, 즐거운 것을 알아차리는 데는 그보다 몇 배의 시간이 걸린다고 한다. 문제가 되는 것은, 위험이 거의 즉각적으로 반사 작용을 일으키고 또한 곧장 기억으로 올라간다는 사실이다. 그곳에서는 수많은 과거의 경험이 즉각적으로 머릿속에 떠오를 수 있도록 일촉즉발의 자세로 대기 중이다. 반면 긍정적인 경험이 스며드는 데는 훨씬 오랜 시간이 걸린다. 뇌의 활성 상태를 영상으로 촬영하면 부정적 경험은 강력한 활성을 만들어낸다. 반면에 즐거운 경험은 같은 강도임에도 훨씬 적은 활성을 만들어내는 것을 볼 수 있다고 한다.

긴 진화의 역사 속에서 살아남아 우리에게 유전자를 물려준 개체들은 부정적 경험에 대한 엄청난 주의를 유전자에 심어 놓았다. 비록 부정적인 경험을 잊었다 하더라도 뇌에는 여전히 지워지지 않는 자국이 남아있다. 부정적 경향은 불쾌한 감정들, 즉 분노, 슬픔, 우울, 죄책감, 수치심 등을 더욱 강화한다. 지나간 상실과 실패를 강조하고, 현재의 가능성을 헐뜯으며, 미래의 장애를 과장한다. 그 결과 계속해서 사람의 성격, 행동, 가능성에 대해 부당한 평가를 하는 경향을 가지게 되는 것이다.

최근 연구에 의하면 마음챙김 명상으로 부정 편향된 뇌의 네트워크를 부드럽게 달래고 진정시키면, 인생의 즐거움을 알아차리고 감사하는 뇌 회로가 강화되는 결과가 나타났다고 한다. 부정 편향되었던 뇌가 균형을 되찾으면 사물을 더욱 분명하게 바라보고, 더 효율적으로 행동하며, 정신이 산만해지거나 난처한 처지에 빠지는 일도 줄어든다. 마음이 열리면서 아주 어릴 적에 경험했던 평온해지는 느낌을 만들어 줄 수 있다.

평온하고 고요한 느낌이 쌓이다 보면 통증과 괴로움이 훨씬 더 줄어들면서 불안, 스트레스, 불행, 탈진 등의 느낌이 해소된다. 뇌는 끊임없이 적응하며 자신의 구조를 변화시키는 풍부한 가소성을 가지고 있기 때문에 가능한 일이다. 그 덕분에 마음챙김 명상으로 우리 뇌를 더 좋은 방향으로 변화시킬 수 있다. 이런 이유로 마음챙김을 뇌 수술에 비유하기도 한다.

우리는 물려받은 뇌 안에 그대로 갇혀 있지 않고 얼마든지 변할 수 있다. 일상에서의 마음챙김을 통해, 과도한 괴로움을 주는 진화의 유산인 부정 편향을 떨쳐낼 수 있다. 마음의 균형을 되찾아 좀 더 행복하게 살 수 있기를 기대할 수 있다.

마음챙김과 공감

공감이란 타인의 내면을 지각하는 능력이다. 이 능력은 진실로 친밀하고 의미 있는 모든 인간관계의 근간이 된다. 진정한 공감은 인지적인 동시에 정서적이면서 신체적이다. 인지적 공감은 다른 사람의 입장에서 보고, 그 사람이 어떻게 느끼는지 이성적으로 이해할 수 있는 능력이다. 인지적 공감이 인간에게서 두드러진 것은 진화적으로 최근 크게 변화한 뇌 영역과도 밀접한 관련이 있다. 정서적으로 공감한다는 것은 다른 사람과 더불어 느낄 수 있다는 의미다.

공감을 통해 우리는 다른 사람의 내면세계를 인지적으로 파악하는 것을 넘어 정서적인 경험까지 다다르게 된다. 현악기가 공명을 통해 조화로운 소리를 내며 울려 퍼지듯, 마음은 다른 사람의 고통이나 기쁨과 공명하면서 울리게 된다. 신체적 공감은 다른 사람의 경험을 본능적이고도 직관적으로 이해하고, 체화된 방식으로 느끼는 능력이라고 할 수 있다.

공감에 대하여 신경생물학적으로 가장 획기적인 발견 가운데 하나가 1992년 이탈리아의 신경과학자 지아코모 리촐라티(Giacomo Rizzolatti) 교수에 의해 발견된 '거울 뉴런'이다. 뉴런 연구를 위해 짧은 꼬리 원숭이를 데리고 진행한 실험 도중 다른 연구원이 건포도를 집는 것을 볼 때도 원숭이가 직접 팔을 움직일 때와 같은 부위가 활성화되는 것이 발견된 것이다. 거울 뉴런은 즉각적인 신체적 공감을 제공하는 역할을 하는데, 상대방이 행동을 취하는 모습을 볼 때 활성화된다. 뇌의 일부는 주위 사람의 움직임에 대해 마치 자신이 직접 움직이는 것처럼 조용히 연기한다. 여기에는 표정도 포함된다. 뇌는 은밀히 다른 사람의 감정적 표현을 흉내 내며, 이는 공감으로 자연스럽게 연결된다.

공감은 우리가 선천적으로 타고난 능력이지만 갖가지 조건들이 이를 방해하기도 한다. 가장 큰 문제는 사회화 과정에서 감정 이입을 하지 않도록 배운다는 것이다. 그리고 공감은 개인이 기존에 갖고 있는 강력한 관점이나 편견, 공포, 예상되는 고통, 또는 번아웃(Burnout) 등에 가로막힌다.

내가 절망에 빠졌을 때 다른 사람들의 이야기에 진정으로 귀를 기울이고 공감하기란 쉽지 않다. 비록 우리가 상호 인정하고 공감하도록 타고났을 수는 있어도, 언제나 반드시 배려와 자비 넘치는 방식으로 공감하고 행동하는 것은 아니다. 하지만 어떤 이유에서든 공감 능력을 꺼버리면 개인적이고 사회적인 수준의 악영향이 생긴다. 개인적 수준으로는 우울증, 무관심, 악몽 등의 희생을 치르게 되고, 사회적 수준으로는 범죄, 유기, 고립이라는 엄청난 대가를 치르게 된다. 건강한 인간관계를 형성하고 고통에서 벗어나 행복감을 느끼기 위해서는 공감 능력을 되찾는 것이 필수적이다.

공감의 자질을 의도적으로 끄집어내 현명하게 사용하고 강화하기 위해서는 뇌의 공감 회로를 활성화하는 것이 무엇보다 중요하다. 최근 연구에 의하면 다행히도 마음챙김 명상이 일정한 역할을 하는 것으로 나타났다. 마음챙김을 통해 나 자신은 물론 타인의 경험, 감정을 인식하고 좀 더 깊이 연결될 수 있다.

깨어 있는 자각으로 공감적 연결 능력을 되찾으면 다른 사람을 배려하며 자신을 향한 다정함을 키워 내는 법을 배우게 된다. 특히 자기 공감은 탄력성을 강화하고 자기 자신과 맺는 관계에서 엄격함과 비판이 아닌 친절함과 자기 자비를 갖출 수 있도록 바꿔 준다. 또한 건강한 유대를 형성하도록 자극하며, 심지어는 공감의 사용 범위를 넓힐 수도 있다.

공감은 우정을 깊어지게 만들고 연대를 공고히 해주며 인생의 아름다움에 감사하게 만든다. 그리고 이러한 능력을 풍부하게 키운다면 마음을 다해 행복하게 삶을 누리게 된다. 공감을 통해 선함을 음미하고 인생의 행복에 감사하며, 다른 이의 기쁨이나 행운을 축하해 줄 수 있게 되는 것이다.

생각 알아차리기

명상에 관한 가장 흔한 오해는 명상이 생각을 통제하고 특정한 생각을 갖게 하는 방법이라는 착각이다. 명상은 어떤 특정한 생각을 제거하거나 마음을 텅 비게 만들려고 하는 것이 아니다. 명상은 자신을 이 순간 지금 있는 그 자리에 그 상태 그대로 있도록 허용하는 것이다.

사람들은 대부분의 시간을 의식적·무의식적인 이런저런 생각에 빠져 지낸다. 생각에 빠져 있는 것을 명상 수행이라고 할 수는 없지만, 생각은 매우 유용한 명상의 대상이 될 수 있다. 명상하려고 앉으면 오히려 평소보다 이런저런 생각이 더 자주 일어나기도 한다. 이때 생각의 내용에 빠져 마냥 헤매는 것이 아니라, 생각이 일어나고 사라지는 과정을 자각하고 분명하게 알아차릴 수 있어야 한다.

마음에서 반복적으로 일어나는 생각에 맞서 싸우는 것은

좋은 방법이 아니다. 일어난 생각에 맞서 싸우지 않고, 판단하지 않는 것이 중요하다. 처음에는 그저 마음에 얼마나 많은 생각이 쏟아져 들어오는지 인식하는 것만으로도 충분하다. 그리고 계속해서 잡념이나 번뇌가 일어나면 이를 단순히 알아차리고 호흡에 마음을 집중하면 된다. 반복해서 호흡에 정신을 집중하다 보면 마음의 알아차림은 점점 더 강해진다.

일어나는 생각을 관찰하고 또 관찰한다. 이렇게 침묵하며 생각 자체가 아니라 생각의 일어나고 사라짐을 관찰할 때, 생각에 빠지는 것으로는 얻을 수 없는 통찰이 생긴다. 지혜는 머릿속의 시끄러운 생각이 아니라 침묵하는 알아차림에서 직관적으로 일어난다. 일어나고 사라지는 생각을 고요히 관찰하다 보면 생각은 마음 공간의 일시적인 에너지 변화에 지나지 않는다는 것을 알게 된다.

마음 공간에서 생각은 물결 하나도 일으킬 힘이 없다. 마치 햇볕을 받으면 사라지는 투명한 이슬방울과 같다. 점차 관찰의 힘이 강해지면 일어나는 생각 자체를 분명하게 관찰할 수 있게 되고, 생각의 본래 성질을 알게 된다. 그리고 지금, 이 순간 생각에 반응하지 않고 걸려들지 않는 법을 배울 수 있다. 심지어 마음에 계속 일어나는 생각에 맞서지 않을뿐만 아니라 미소 짓는 법을 배울 수도 있다.

하지만 때때로 어떤 생각을 '자신'과 동일시하고, 그 생각에 휩쓸리게 된다. 생각은 순식간에 우리를 먼 곳까지 데려가기도 한다. 언제 생각이라는 열차에 올라탔는지도 모른 채 올라타 있다. 그 목적지가 어디인지도 모른다. 한참을 생각에 휩쓸려가고 나서야 문득 정신을 차리고는 생각에 농락당했음을 깨닫는다.

이렇게 깨달은 후에도 생각이란 놈은 아주 약삭빨라서 한 곳에서 지키고 있으면 느닷없이 다른 곳에서 비집고 들어온다. 늘 깨어 있기 위해서는 생각에 대하여 기민하게 깨어 있어야 한다. 생각이 일어났을 때 그저 일어났음을 알아차리고 그것을 따라가지 않으면, 마음에 어떤 종류의 생각이 일어나는가는 더 이상 문제가 되지 않는다.

일상의 사고에서 벗어나 마치 강둑에 앉아 무심히 흘러가는 강물을 바라보듯 생각의 흐름을 바라볼 수 있으면, 생각에 빠져 있는 것과 생각을 알아차리는 것이 어떻게 다른지 알아차릴 수 있다. 그러면 점차 생각과 관계 맺는 방식이 변한다는 것을 알게 된다.

불교 수행의 핵심은 마음에서 일어나는 현상의 패턴을 바꾸는 것이 아니다. 현상과 관계 맺는 방식을 변화시키는 것이다. 수행이 향상될수록 서서히 생각의 영향력에서 풀려나 마음이 실제로 더 고요해지고, 관찰하는 힘은 더 기민해지고 강해진다. 그리고 생각을 명료하게 보기 시작하며, 자기도 모른 채 생각에 농락당하는 일이 줄어들 것이다.

일상에서 마음챙김 확립하기

일상에서 샤워하고 이를 닦듯이 매일 마음챙김 명상을 할 수 있다. 평소 하던 일을 하고 움직이면서 그 동작에 완전히 깨어 있을 수 있으면 된다. 샤워할 때, 양치질할 때, 설거지할 때, 차나 커피를 마실 때, 주차장에서 사무실로 걸어갈 때, 아침 식사할 때, 또는 휴대전화 벨소리가 울릴 때마다 마음챙김을 할 수 있다.

만약 샤워하기를 선택했다면 몸에 닿는 물의 감각이나 물의 온도와 압력 등에 주의를 기울여야 한다. 몸을 씻을 때 내 손이 어떻게 움직이는지, 돌아설 때와 몸을 굽힐 때 몸이 어떤 움직임을 취하게 되는지를 살핀다.

마찬가지로 양치질할 때 마음챙김 명상을 하겠다고 마음먹었다면 이를 닦을 때 마음이 어디에 가 있는지 살피면 된다. 칫솔이 치아에 닿는 느낌이라든지 치약의 맛, 입안에 이는 거품, 입안을 헹굴 때 손의 동작이나 혀에 닿는 느낌 등 모든 감각에 주의를 기울인다.

설거지할 때는 물과 접시, 손의 변화하는 느낌을 주목하여 살핀다. 바깥에 있을 때는 주위를 둘러보고 주변 경관과 소리, 냄새 등을 관찰한다. 신발 밑창을 통해 전해지는 도로 표면의 느낌을 알아차릴 수 있는지 살핀다. 공기의 냄새나 맛을 느낄 수 있는지를 깊이 느껴보도록 한다.

이처럼 일상적인 활동 가운데 하나를 선택해서 일주일간 그 활동을 하는 동안 온전히 주의를 기울여 본다. 일부러 천천히 할 필요도 없고 특별히 그 동작을 즐겨야 할 필요는 없다. 다만 어떤 일을 하건, 가능한 오랜 시간 동안 마음챙김을 유지하도록 한다. 그 경험에 흠뻑 젖고 빠져들어야 한다. 완전히 그 경험을 음미한다.

걷기나 자전거 타기, 정원 가꾸기, 피트니스 클럽에서 운동할 때도 호기심을 품고서 깨어 있는 주의를 온몸에 기울인다. 감각이 일어나서 어떻게 전개되는지 부드럽게 관찰한다. 감각의 강도를 느껴가며 호흡한다. 부드러운 연민의 마음으로 모든 생각과 느낌과 감각을 단지 있는 그대로 받아들인다. 그것들을 바꾸려고 하지 않는다.

이렇게 일상생활 속에서 깨어 있는 알아차림을 하면서 규칙적으로 명상하려는 마음이 일어나면 다음 단계를 준비한다. 집에서 명상에 적합한 장소를 찾아 그곳에 방석이나 의자를 마련한다. 될 수 있으면 편한 것이 좋다. 시간은 아침이든 저녁이든 언제든 상관없다.

처음에는 한 번에 5분 정도 자리에 앉는 것부터 시작한다. 점차 더 오래, 더 자주 앉을 수도 있다. 매일의 명상 수행은 우리의 마음을 주기적으로 청소할 것이다. 마음은 점차 고요해질 것이다. 일상생활 속의 깨어 있는 알아차림과도 자연스럽게 연결된다.

명상 수행이 깊어지면 주의가 어디로 떠도는지 더 잘 알아차릴 수 있다. 이 과정에서 여러 차례 기복을 겪을 수도 있다. 수행이 잘 안되는 흐린 날도 있고, 맑게 개어 수행이 잘 되는 날도 있을 것이다.

의자에 앉든, 방석에 앉든 긴장하지 않은 상태로 몸을 곧게 펴야 한다. 우리 몸이 땅에 튼튼히 뿌리박고 있다고 생각한다. 손은 편안하게 내려놓고 마음은 부드럽게 가진다. 눈은 가볍게 감는 것이 좋다. 몸을 느껴보며 긴장이 두드러지게 일어나면 어떤 것이든 내려놓는다. 심호흡을 몇 차례 하면서 호흡이 가장 선명하게 느껴지는 부위가 어디인지 알아본다.

콧구멍과 목구멍에서 차갑고 따끔거리는 느낌이 들 수도

있다. 가슴이 움직이는 것을 느낄 수도 있다. 배가 부풀어 오르고 꺼지는 느낌이 일어날 수도 있다. 이제 숨을 자연스럽게 쉬어 본다. 호흡은 우리가 현재에 닻을 내리도록 도와준다. 호흡이 짧아지거나 길어지거나 빨라지거나 느려지거나 거칠거나 편안하거나 있는 그대로 놓아 둔다. 마음이 떠돌면 부드럽게 호흡으로 되가져 온다.

이렇게 호흡을 이용해 몇 주, 몇 달을 연습하면 점점 마음이 고요해지고 집중력이 커진다. 호흡에 대한 알아차림을 통해 우리 몸과 마음을 안정시키고 고요하게 만들 수 있다. 이렇게 경험한 마음챙김으로 우리에게 일어나는 다른 경험도 균형감 있게 마주할 수 있다. 끊임없이 변화하는 삶에서 중심을 잡아갈 수 있는 것이다.

- 『고엔카의 위빳사나 10일 코스』
  S.N. 고엔카 지음, 윌리엄 하트 엮음, 담마코리아 옮김, 김영사, 2017
- 『멈추고 호흡하고 선택하라』
  나즈 베헤시티 지음, 김보람 옮김, 흐름출판, 2022
- 『행복을 위한 혁명적 기술, 자애』
  샤론 샐즈버그 지음, 김재성 옮김, 조계종출판사, 2017
- 『하루 20분 나를 멈추는 시간』
  샤론 샐즈버그 지음, 장여경 옮김, 북하이브, 2011
- 『마음챙김』
  샤우나 샤피로 지음, 박미경 옮김, 안드로메디안, 2021
- 『오늘 내 마음은 명상』
  아리미쓰 고키 지음, 이미주 옮김, 알에이치코리아, 2021
- 『주의력 연습』
  아미시 자 지음, 안진이 옮김, 어크로스, 2022

- 『왜 마음챙김 명상인가?』
  존 카밧진 지음, 엄성수 옮김, 불광출판사, 2023

- 『명상에 대한 거의 모든 것』
  지오반니 딘스트만 지음, 서종민 옮김, 불광출판사, 2020

- 『붓다의 명상법』
  지하시 히데오 지음, 남상영 옮김, 아름다운인연, 2012

- 『마음챙김이 일상이 되면 달라지는 것들』
  캐럴라인 웰치 지음, 최윤영 옮김, 갤리온, 2021

- 『틱낫한 명상』
  틱낫한 지음, 이현주 옮김, 불광출판사, 2013

- 『가장 손쉬운 깨달음의 길, 위빠사나 명상』
  헤네폴라 구나라타나 지음, 손혜숙 옮김, 아름드리미디어, 2007

드디어 시작하는
명상 입문

2024년 11월 12일 초판 1쇄 발행

지은이 신진욱
발행인 박상근(至弘) • 편집인 류지호 • 편집이사 양동민
책임편집 하다해 • 편집 김재호, 양민호, 김소영, 최호승, 정유리
디자인 쿠담디자인 • 제작 김명환 • 마케팅 김대현, 이선호 • 관리 윤정안
콘텐츠국 유권준, 김대우, 김희준
펴낸 곳 불광출판사 (03169) 서울시 종로구 사직로10길 17 인왕빌딩 301호
　　　　대표전화 02) 420-3200 편집부 02) 420-3300 팩시밀리 02) 420-3400
　　　　출판등록 제300-2009-130호(1979. 10. 10.)

ISBN 979-11-7261-096-8 (03190)

값 18,000원